中国创业培训

网络创业

培训讲师手册

电商版

（第二版）

人力资源社会保障部职业能力建设司
中国就业培训技术指导中心　组织编写

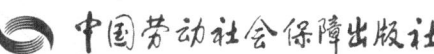
中国劳动社会保障出版社

图书在版编目（CIP）数据

网络创业培训讲师手册：电商版 / 人力资源社会保障部职业能力建设司，中国就业培训技术指导中心组织编写. --2版. -- 北京：中国劳动社会保障出版社，2021
ISBN 978-7-5167-5082-7

Ⅰ.①网⋯　Ⅱ.①人⋯　②中⋯　Ⅲ.①电子商务–技术培训–手册　Ⅳ.① F713.36-62

中国版本图书馆 CIP 数据核字（2021）第 191496 号

中国劳动社会保障出版社出版发行

（北京市惠新东街1号　邮政编码：100029）

*

北京市白帆印务有限公司印刷装订　　新华书店经销
880 毫米 × 1230 毫米　16 开本　6.25 印张　103 千字
2021 年 11 月第 2 版　　2024 年 1 月第 4 次印刷
定价：20.00 元

营销中心电话：400-606-6496
出版社网址：http://www.class.com.cn

版权专有　　　侵权必究

如有印装差错，请与本社联系调换：（010）81211666
我社将与版权执法机关配合，大力打击盗印、销售和使用盗版图书活动，敬请广大读者协助举报，经查实将给予举报者奖励。
举报电话：（010）64954652

编审委员会

主　任：刘　康　吴礼舵

副主任：王晓君　袁　芳

委　员：田　丰　陈　蕾　张　达　项声闻　尚　涛
　　　　张　薇　管　颖

编审人员：（按姓氏笔画排序）
　　　　冯　卓　庄　辉　李志强　李洪福　项　清
　　　　祝　莉　聂　兵　常　蓉　梁　峰

前　言

为适应互联网经济发展的新趋势、新需求，加强创业培训师资队伍建设，促进创业带动就业，在人力资源社会保障部职业能力建设司指导下，中国就业培训技术指导中心组织专家在新版《网络创业培训教程（电商版）》基础上，配套改版了《网络创业培训讲师手册（电商版）》（以下简称手册）。

新版手册内容包括网络创业培训讲师核心职责与开发管理、学员培训周期、学员班教学计划和附录四部分内容。

网络创业培训讲师核心职责与开发管理主要介绍讲师的职责、申请条件、培训要求及讲师班培训课程安排，讲师管理要点等。本次修订依据《网络创业培训技术要点》（中就培发〔2021〕2号）及培训实际对各项内容做了进一步梳理。

学员培训周期主要介绍学员培训组织实施的六个步骤的核心技术要求，依据《网络创业培训技术要点》，进一步明确项目推介、学员选择、培训需求分析、实施培训、后续服务、监督与评估的技术要求和实施建议。

学员班教学计划主要介绍学员培训的教学目标、授课时间、授课方法和教学内容、视觉教具等内容。本次修订结合新版《网络创业培训教程（电商版）》，调整部分课程安排及教学内容，突出重点知识的教学方法设计，强化应用性和指导性。

附录包括学员培训监督评估工具表单和术语一览表，本次修订也做了同步更新。

网络创业具有不断迭代创新的特点，改版过程中难免有疏漏之处，敬请谅解。也期待广大读者在使用过程中提出宝贵建议，促进项目不断完善发展。

中国就业培训技术指导中心

2021 年 10 月

目 录

第一部分　网络创业培训讲师核心职责与开发管理 ········· 1
　1. 什么是网络创业培训讲师 ········· 1
　2. 网络创业培训讲师的职责 ········· 2
　3. 网络创业培训讲师培训与管理 ········· 3

第二部分　网络创业培训学员培训周期 ········· 7
　1. 培训周期第一步：项目推介 ········· 8
　2. 培训周期第二步：学员选择 ········· 11
　3. 培训周期第三步：培训需求分析 ········· 13
　4. 培训周期第四步：实施培训 ········· 14
　5. 培训周期第五步：后续服务 ········· 21
　6. 培训周期第六步：监督与评估 ········· 23

第三部分　网络创业培训（电商）学员班教学计划 ········· 25
　网络创业培训（电商）学员培训标准课程表 ········· 25
　第1课　网络创业培训项目介绍 ········· 27
　第2课　建立互助学习小组 ········· 28
　第3课　了解网络创业形势 ········· 30
　第4课　认识电商创业机会 ········· 31
　第5课　电商创业者自我评价 ········· 33

第6课	项目选择	35
第7课	市场分析	37
第8课	开办准备——选择电商平台	39
第9课	店铺注册	40
第10课	开办准备——组织货源	41
第11课	开办准备——组建团队	42
第12课	运营管理——运营管理概述	43
第13课	运营管理——店铺呈现·商品展示	44
第14课	商品展示：模拟商城与第三方电商平台商品展示	46
第15课	运营管理——店铺呈现·店铺装修	48
第16课	店铺呈现·素材制作	50
第17课	店铺装修：模拟商城与第三方电商平台店铺装修	51
第18课	运营管理——店铺管理	53
第19课	运营管理——店铺推广（一）	55
第20课	运营管理——店铺推广（二）	57
第21课	运营管理——财务计划、店铺规划书	58
第22课	项目优化	60

附录1　网络创业培训学员培训监督评估工具表单　　62

附录2　网络创业培训（电商）术语一览表　　88

第一部分　网络创业培训讲师核心职责与开发管理

1. 什么是网络创业培训讲师

网络创业培训讲师是指参加由人力资源社会保障部门统一组织的网络创业培训讲师培训并通过考核，取得由地方人力资源社会保障部门创业培训主管部门（以下简称"创业培训主管部门"）核发的"网络创业培训讲师培训合格证书"的人员，主要承担网络创业培训学员培训授课任务和后续指导工作。

网络创业培训讲师是网络创业培训师资的重要组成部分，如图1-1所示，网络创业培训师资包括网络创业培训讲师和网络创业培训师两个群体。

网络创业培训师是指参加由人力资源社会保障部中国就业培训技术指导中心（以下简称"部中心"）按照《网络创业培训技术要点》[①]统一组织的网络创业培训师选拔及培训，取得由部中心核发的"网络创业培训师证书"的人员，主要承担网络创业培训讲师培训授课任务和后续指导工作。

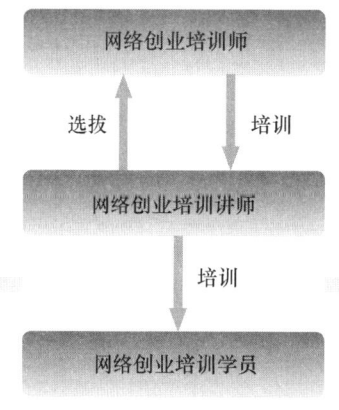

图1-1　网络创业培训师资

[①] 2021年4月1日，《网络创业培训技术要点》以《关于印发〈网络创业培训技术要点〉的通知》（中就培发〔2021〕2号）公布。

2. 网络创业培训讲师的职责

网络创业培训讲师的职责主要包括以下5个方面。

2.1 配合当地创业培训主管部门和培训机构做好网络创业培训项目推介及宣传。

2.2 配合培训机构组织开展网络创业培训学员班教学。主要包括以下内容：

    2.2.1 学员选择。

    2.2.2 培训需求分析。

    2.2.3 实施培训。

2.3 配合培训机构开展网络创业培训后续跟踪及指导服务。

2.4 做好培训质量监督与评估。

    2.4.1 运用网络创业培训学员班监督与评估工具表单，对学员班全程培训进行监督与评估，并收集信息。

    2.4.2 运用网络创业培训教学辅助平台完成培训出勤考核、课堂表现考核和培训效果考核等监督评估工作。

    2.4.3 定期组织培训效果评估。

2.5 配合当地创业培训主管部门做好创业沙龙、创业培训讲师大赛、创业大赛、师资技术研讨交流等工作。

3. 网络创业培训讲师培训与管理

3.1 网络创业培训讲师申请条件

3.1.1 遵守法律法规，身体健康，思想品德和职业素养高尚，热爱创业培训，执行创业培训规范标准，具备较强的学习、沟通、合作等综合能力。

3.1.2 大学本科及以上学历或中级以上专业技术职称，有创业经历者可适当放宽要求。

3.1.3 持有"创业培训（SIYB）讲师培训合格证书"。

3.1.4 具备与计算机或电子商务相关学习背景。

3.1.5 熟悉互联网行业，具有互联网创业或从业经历，了解互联网创业一般流程和规律。

3.1.6 具备网络店铺经营操作指导能力。

3.1.7 承诺能够服从当地创业培训主管部门选派，承担学员培训授课任务及网络创业培训相关工作。

3.2 网络创业培训讲师培训周期

网络创业培训讲师培训与SIYB创业培训讲师培训相同，也需经历一个完整的培训周期，包括面试筛选、培训需求分析、实施培训、后续服务及监督与评估，如图1-2所示。

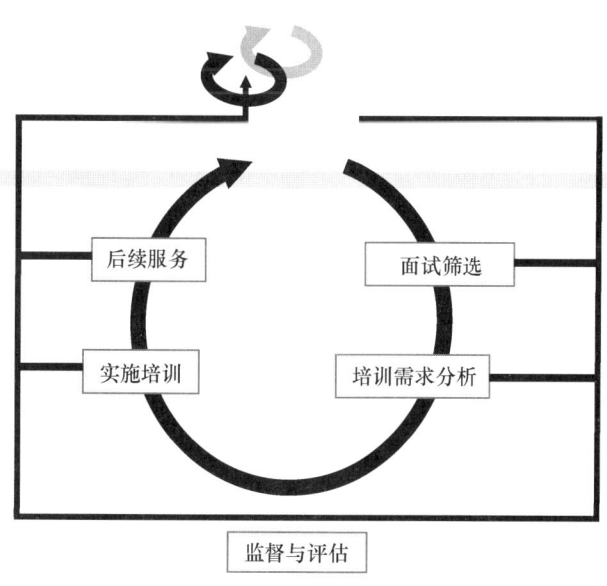

图1-2 网络创业培训讲师培训周期

3.3 网络创业培训讲师培训核心要求

3.3.1 培训人数：网络创业培训采取小班互动式教学。为确保培训质量，讲师培训班每班不超过30人。

3.3.2 授课培训师：每期讲师班由2名培训师共同授课。主办单位应在开班前1个月向部中心提交讲师培训申请，部中心根据申请统一选派授课培训师。培训期间，主办单位应为授课培训师提供免费食宿安排。授课培训师完成培训任务可领取课酬[①]。

3.3.3 课时要求：为确保培训质量，网络创业培训讲师培训采取集中封闭式授课，并提供标准课程安排，明确课时要求和教学内容。讲师培训原则上不少于10天，80课时。每天晚上讲师以互助学习小组[②]形式完成翻转课堂[③]内容，时间不限，以完成当天实践任务[④]为准。

3.3.4 考勤要求：参加网络创业培训讲师培训班，需严格遵守课堂纪律，严禁旷课[⑤]、迟到、早退，无故旷课或请假将不能参加考核。

3.3.5 监督与评估：授课培训师在培训期间利用监督与评估工具表单全程收集、分析讲师培训活动信息，并在此基础上对讲师培训进展情况、培训效果、整体满意度等进行评估。网络创业培训讲师培训监督与评估可通过部中心创业培训技术服务管理平台完成。

3.3.6 考核要求：考核分为理论考试[⑥]、试讲[⑦]、实践成果[⑧]。理论考试、试讲、实践成果

---

① 课酬：参考培训主办单位所在地的有关规定及市场标准，由主办单位综合实际确定，原则上不低于1 000元/（人·天）。如无特殊情况，应按照讲师培训班总天数支付每一位授课培训师课酬。

② 互助学习小组：是由培训师根据讲师的知识技能等条件，组织创建的一种促进讲师交流、互助，提升学习效率的分组形式。

③ 翻转课堂：是将部分学习内容前置，引导学生通过在线平台自主学习并完成既定实践任务的一种教学模式。翻转课堂不同于传统教学模式，减少传统课堂的一般性知识讲授，增强课堂互动性。

④ 实践任务：由培训师布置给讲师的翻转课堂学习和在线平台实操任务。

⑤ 原则上请假总时长不得超过4学时。

⑥ 理论考试：时间为90分钟，满分100分，60分及以上为合格。

⑦ 试讲：由讲师通过现场抽取顺序签或题签，在规定时间内完成抽取题目的授课。授课培训师及其他讲师对其试讲表现进行点评和评分，试讲满分5分，4分及以上为合格，试讲结束后授课培训师现场打分并公布试讲成绩，填写"网络创业培训讲师培训班试讲评分表"。

⑧ 实践成果：由讲师在培训结束前登录教学辅助平台管理系统录入实践成果信息，包括模拟商城店铺信息和真实第三方电商平台店铺信息，以及店铺规划书等。培训师根据"网络创业培训实践成果评分表及评分标准"对提交的实践成果进行评分，实践成果满分100分，60分及以上为合格。

都合格视为考核合格，可获得"网络创业培训讲师培训合格证书"。

3.4 网络创业培训（电商）讲师班培训课程安排

日期	时间	教学内容
第一天	08:30—12:00	1. 开班式 2. 网络创业培训体系介绍 3. 建立互助学习小组
	14:00—17:30	第一步　了解网络创业形势 第二步　认识电商创业机会
	晚上	完成实践任务——店铺注册、项目选择和市场分析
第二天	08:30—12:00	第三步　电商创业者的自我评价 第四步　项目选择 第五步　市场分析
	14:00—17:30	第六步　开办准备
	晚上	完成实践任务——商品展示和店铺装修
第三天	08:30—12:00	第七步　运营管理 1. 运营管理概述 2. 店铺呈现（一）商品展示
	14:00—17:30	第七步　运营管理 店铺呈现（二）店铺装修
	晚上	完成实践任务——店铺管理和店铺推广
第四天	08:30—12:00	第七步　运营管理 店铺管理
	14:00—17:30	第七步　运营管理 店铺推广
	晚上	完成实践任务——财务计划和运营优化

续表

日期	时间	教学内容
第五天	08:30—12:00	第七步 运营管理 1. 财务计划 2. 店铺规划书 第八步 项目优化
	14:00—17:30	1. 网络创业培训周期与讲师职责 2. 课程复盘 3. 试讲抽签
	晚上	学员复习及试讲准备
第六天	全天	学员试讲准备与培训师指导
第七、八、九天	全天	学员试讲与培训师点评指导
第十天	08:30—12:00	理论考试
	14:00—17:30	1. 培训班结束评估 2. 学员制订行动计划 3. 培训班总结及结班仪式

3.5 网络创业培训讲师管理

网络创业培训讲师由当地创业培训主管部门统一管理。当地创业培训主管部门可通过网络创业培训教学辅助平台的培训管理系统，做好网络创业培训讲师的登记、培训记录、派遣、提升培训及选评认证等相关工作。部中心将全面掌握系统中录入的讲师工作状态和培训效果评估结果，从而组织后续相关开发、管理工作。

第二部分　网络创业培训学员培训周期

网络创业培训学员培训周期（以下简称"培训周期"）是指组织一期网络创业培训学员班所涉及的各个步骤，包括项目推介、学员选择、培训需求分析、实施培训、后续服务及监督与评估，如图2-1所示。

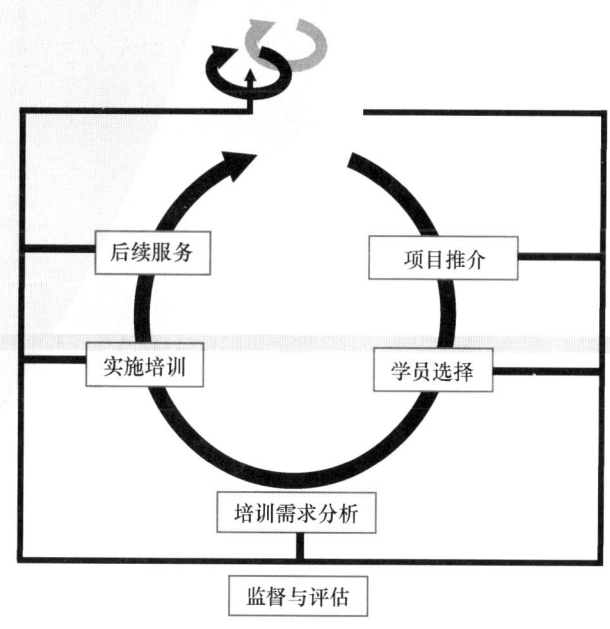

图 2-1　网络创业培训学员培训周期

1. 培训周期第一步：项目推介

推介（市场营销）是指运用专业的推介工具，选定合适的时间，通过组织线上、线下的推介活动，向潜在的培训目标群体推介网络创业培训及后续服务，从而吸引其关注并产生参加相关网络创业培训活动的意愿。

1.1 什么是项目推介

项目推介是指各级创业培训主管部门和网络创业培训机构（以下简称"培训机构"）通过各类宣传媒介平台及宣传推介活动，向潜在学员推介马兰花中国创业培训项目及网络创业培训课程的过程。

1.2 为什么要进行项目推介

有效的项目推介将会帮助培训机构：

- 通过市场调研，找出符合培训目标并与培训机构自身优势最吻合的市场机会。
- 通过市场细分，挖掘并挑选出对培训产品有需求、有意愿且具有购买（参与）能力的目标学员。
- 通过市场定位，合理组织、分配、使用机构资源，推介培训产品以吸引更多潜在学员，从而实现培训目标。

1.3 如何开展项目推介

培训机构和讲师要想全面、有效地开展项目推介工作，首先要弄清"谁是潜在学员"。为此，培训机构和讲师要解答这样几个问题：

- 网络创业培训学员想要什么？
- 网络创业培训学员真正的需求是什么？
- 网络创业培训学员有哪些特殊要求？

通过解答这几个问题，培训机构和讲师就能确定网络创业培训课程这一培训产品／服务的市场营销组合，其四个关键变量分别是：

- 产品／服务：即如何让培训产品／服务符合并满足学员的需求。

- 价格：即如何合理制定培训产品/服务的价格（目前购买培训产品/服务的资金以财政补贴为主）。
- 地点：即如何选择以学员为中心、体现较高成本效益的渠道。
- 促销：即如何吸引学员接受并购买（参与）培训产品/服务。

通常情况下，讲师不会直接参与制定自己所在培训机构的创业培训营销战略，但有机会直接参与某个单项营销活动，如现场向潜在学员推介培训产品/服务等。因此，作为讲师，了解在现场如何开展项目推介工作，如何确保目标学员持续关注培训产品/服务且使各方受益非常重要。

1.3.1 了解目标学员

首先，培训机构和讲师可以通过问卷调查、面谈访问、电话访问或网络社交媒体等方式收集潜在学员信息，也可以通过各种渠道获得第二手学员信息，如在一些报纸杂志上获得某些特定学员信息等。

其次，培训机构和讲师要及时对信息进行归类、汇总整理。潜在学员信息归类要能体现学员特征，包括年龄、性别、家庭地址、教育背景、收入水平、创业动机、互联网认知及应用能力、有无创业经历和特殊培训需求，以及培训机构和讲师认为有价值的其他信息。

通过市场调研收集这些潜在学员信息并对信息分类后，讲师就可以分析这些潜在学员的培训需求，然后根据分析结果设计能够满足潜在学员培训需求的个性化培训方案。只有这样才能更好地提高学员对培训产品/服务的满意度。

1.3.2 提供能够满足学员需求的培训产品/服务

为使培训产品/服务更符合学员需求，培训更具有针对性，讲师可以合理调整、补充培训内容，灵活安排培训时间和培训地点，有效运用各种培训方法和培训工具。

1.3.3 制定合适的产品/服务价格

合适的产品/服务价格可以在满足学员价格需求的基础上，保证培训机构资金的可持续性，也为讲师提供有力的工作保障。尽管大部分网络创业培训属于政府补贴性培训，但作为讲师，仍应了解制定合适的产品/服务价格应包括以下三个步骤：

- 步骤一：制定培训的成本预算。

- 步骤二：了解潜在学员（培训赞助单位）能够承受的价格[①]。
- 步骤三：了解竞争对手的价格。

1.3.4 建立以学员为中心的产品/服务体系

建立以学员为中心的产品/服务体系意味着培训工作要关注以下三个方面：

- 培训地点让学员满意。
- 尽可能降低营销成本。
- 找出能够使学员获得培训产品/服务的渠道。

1.3.5 推介相应的培训产品/服务

推介相应的培训产品/服务的目的是让学员了解培训产品并吸引他们购买这一服务。有效的推介体现在以下四个方面：

- 选择正确的目标学员。培训机构和讲师要学会选择那些能够在培训中获益的潜在学员，并传递对潜在学员有吸引力的培训信息。
- 使用正确的沟通渠道。培训机构和讲师可以根据具体情况和条件，使用一种或多种渠道向那些有创业意愿的潜在学员推介培训项目，传递推介信息。
- 选择正确的沟通方式。培训机构和讲师在向潜在学员传递信息时，要采用学员容易接受的语言及表述方式，便于学员理解和记忆，要让学员清楚，参加培训对于他自己来说意味着什么，以及学员能够获得哪些益处。
- 使用正确的沟通工具。培训机构和讲师在推介培训产品/服务时，应该选择简单、清晰的易于激发目标学员学习兴趣的沟通工具。

有时，培训机构和讲师不仅要向潜在学员推介筹划中的创业培训活动，还要向潜在的培训赞助单位推介，这样做是希望后者能够承担学员学费与总培训成本之间的差额。不论是对于培训赞助单位还是对于培训受益人，采用面对面的交流方式都能够更清晰、高效地传递信息。

---

① 对于学员而言，如果培训是付费的，那么学员参加培训的动机就会受到影响。经验表明，付费的程度与个人的承诺之间有着紧密的联系。培训机构和讲师需要关注"学员能为培训支付多少学费"。学员的付费能力在很大程度上取决于他们可支配收入的水平及其对培训的需求程度。有时，培训机构和讲师可能会发现，其面对的学员中有一部分可能由于贫穷或其他原因不能或仅能支付部分培训费用，而一些具有强烈创业愿望并希望通过培训提升创业能力的学员则愿意为培训支付费用。

2. 培训周期第二步：学员选择

2.1 什么是学员选择

学员选择是指培训机构和讲师根据学员创业方向和培训意愿，利用标准工具，按照条件要求和标准流程，帮助学员选择适合的网络创业培训课程的过程。

2.2 为什么要进行学员选择

培训机构应高度重视学员选择环节，使学员能够被分流到符合其创业意愿且适合其能力水平的培训课程中，最大限度地保证培训效果。

2.3 如何进行学员选择

2.3.1 学员选择的标准

参加网络创业培训的学员应符合以下条件：

- 具备基本的读写计算能力，具备计算机和网络基础知识及操作能力（有条件的地区可以组织计算机操作培训）。
- 有创业动机，有依托互联网创业的具体可行的项目，或希望已经创办的企业互联网化等。
- 有全程参与培训的时间保障。

2.3.2 学员选择的标准流程

学员选择主要通过面试进行，流程如图 2-2 所示。

讲师参与学员选择更有利于保证培训质量。讲师需要对每一个潜在的学员进行一次简短的筛选面试。面试的目的是在获取该潜在学员基本信息的同时确定其是否具有创业的意愿，是否符合培训的最低入选标准，从而选择出具备参加培训条件的学员。

面试可以在办公室或方便学员到达的地点进行。学员选择面试需要 10~15 分钟。学员选择面试依据创业培训学员登记表主表（以下简称"主表"）和创业培训学员登记表附表（以下简称"附表"）进行。主、附表的填写应确保准确、完整，以便培训机构和讲师能够获得更多的潜在学员信息。进行学员面试的同时，讲师还要对潜在的学员进行培训需求分析，这一过程可以借助培训需求分析问卷来完成。面试要在轻松的氛围中进行，不要让面试者感到压力，面试后要告知潜在学员其是否具备参加培训的条件并说明原因，以帮助他们厘清实际的培训需求。

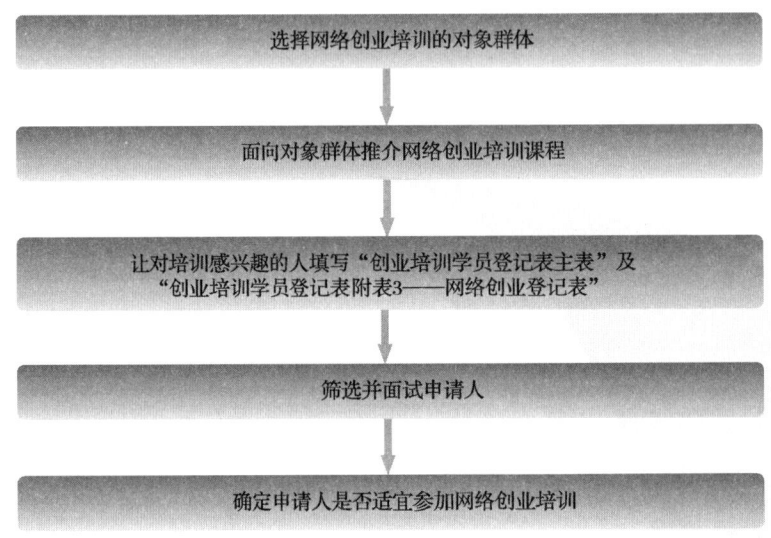

图 2-2　选择学员的流程

2.3.3　学员选择的标准工具

为保证学员选择环节客观、准确、高效，培训机构应使用学员选择的标准工具，并按照规定的程序组织学员选择的工作。

学员选择的标准工具包括 1 张主表、3 张附表和 1 张创业培训学员选择程序。

讲师亲自组织或指导培训机构工作人员组织有意愿参加网络创业培训的学员填写主表。根据主表中的"创业方向"选项和创业培训学员选择程序，指导有网络创业意愿的学员继续填写创业培训学员登记表附表 3——网络创业登记表（以下简称"附表 3"）。讲师和培训机构根据主表和附表 3 信息，推荐学员参加网络创业培训课程。学员选择结果应是以下情况中的一种：

- 适合参加网络创业培训。
- 适合参加 SIYB 培训。
- 暂不适合参加创业培训。

培训机构和讲师要保管好每位学员的主表和附表，认真归档。培训课程结束后，会再次用到主表和附表，培训机构和讲师要及时将学员的基本资料填写到创业培训学员班活动报告中。

3. 培训周期第三步：培训需求分析

3.1 什么是培训需求分析

培训需求分析是指讲师和培训机构根据学员填写的主表和附表 3，了解学员资源条件、培训预期和需求的过程。

3.2 为什么要进行培训需求分析

培训需求分析对于实现培训目标非常重要，良好、有效的培训需求分析能够帮助讲师和培训机构：

- 找出学员的学习期望与学习差距，并有针对性地设计培训内容。
- 将学员按各自内在的培训需求分类，合理编班，保证培训效果。
- 了解学员的知识背景与性格特点，选择恰当的培训方法、培训工具及培训语言。
- 选择符合学员需求的、方便学员参加培训的时间及地点。

学员是培训的主要服务对象，是培训目标得以实现的载体，了解学员的培训需求与培训期望，对实现培训目标具有决定性意义。进行培训需求分析时，讲师要注意学员的简历情况、课程方面的"现实状态"及学员期望的"理想状态"、学员喜欢的学习方式、学员适宜的教学方式、学员的特殊困难、学员个人发展方面的意愿、学员对培训时间的要求、对课程进度的接受程度、学员喜欢的语言表达方式、适合学员的环境等。

培训需求分析是授课讲师有针对性地设计和实施教学计划，培训机构提高保障服务满意度的重要保证。

3.3 如何进行培训需求分析

3.3.1 培训需求分析的方法

- 面谈法。即授课讲师通过与学员进行面对面的交谈，了解学员对培训的需求。面谈法有较强的目的性与针对性，具有形象、真实、信息量大、沟通直观、反馈快、占用学员时间较短等特点。在实际操作中要充分发挥面谈法的作用，就要科学地设计问题，充分考虑问题的顺序与合理性。

- 资料分析法。即通过阅读分析本期学员的主表和附表，以及往期培训班存档的创业培训监督与评估资料，获得与学员培训需求相关的信息。往期培训班学员反馈信息来自培训实践，信息比较真实、完备。但使用该方法信息处理量较大，对讲师的选择、提炼和分析能力要求较高。

3.3.2 培训需求分析工具

在网络创业培训中，进行培训需求分析的主要工具是主表和附表3。利用这些工具，讲师可以获得潜在学员的重要信息。如果这些工具中设计的现有问题不足以满足培训需求，讲师也可以对问题进行补充，但是一定要注意补充问题的"量"与"度"，避免问题难度过大，潜在学员回答问题所需时间过长。

有条件的培训机构和授课讲师也可以设计培训需求分析问卷，设计时要注意以下四点：

一是内容。即问卷中的问题设计应与具体的培训实际相适应，尽量挖掘出学员真正的培训需求。

二是题型。题型应包括封闭式和开放式两种。封闭式问题主要为选择题，选项是讲师事先准备好的；而开放式问题则不设定固定答案，由学员根据自身实际回答。

三是题序。即问题设置的次序应合乎逻辑，符合学员认知习惯及理解能力，应将引导性的问题放在前面。

四是题量。问题的数量不宜过多，以学员可在5分钟内完成答题为宜，避免学员产生厌倦与反感的情绪，影响培训需求信息收集的效果。

4. 培训周期第四步：实施培训

实施培训是培训机构和授课讲师组织学员培训班的过程。

4.1 培训前筹备

4.1.1 培训前主要筹备工作及核心技术要求，见表2-1。

表 2-1　　培训前主要筹备工作及核心技术要求

主要筹备工作	核心技术要求
确定学员人数	网络创业培训采取小班互动式教学。为确保培训质量，每班以 25 人为宜，最多不超过 30 人
筹备场地、设备	● 场地面积以 80~100 平方米为宜 ● 桌椅呈 "U 形" 或 "岛形" 摆放（见图 2-3），便于授课讲师教学互动 ● 每名学员应配备 1 台计算机（统一配备或学员自带） ● 配备优质网络资源（建议不低于 100 兆带宽独享），确保流畅使用各地自行选用的网络创业培训教学辅助平台（培训前培训机构和授课讲师应对设备、网络环境进行测试）
确定授课讲师	每期学员班由 2 名讲师共同授课，授课讲师应持有对应课程的 "网络创业培训讲师培训合格证书"
准备教材、教具	参照 "网络创业培训学员班教材、设备和教具清单" 做相应准备
课程安排	培训机构与讲师及时沟通，按照 "网络创业培训（电商）学员培训标准课程表" 授课。特殊情况下，讲师可以根据培训需求分析结果，在与培训机构沟通、报请当地创业培训主管部门同意后，对标准课程安排进行微调，但不能改变标准课时数量，以确保完成教学内容和任务

图 2-3　呈 "岛形" 摆放桌椅

4.1.2　培训前讲师应配合培训机构完成图 2-4 所示工作。

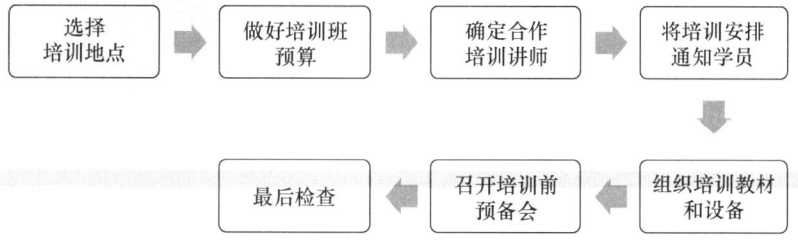

图 2-4　培训前讲师的主要工作

4.1.2.1　选择培训地点

开班前首先考虑能否为学员选择一个符合标准、实用舒适、交通便利，且负担得起相应费用的培训地点。

（1）关于培训地点的实用性，需要考虑：

1）地点。培训地点应该方便选定的学员，以确保他们在受训期间每天都能够出勤，并按时到达。

2）规模。培训地点需要有适当的空间，使培训能够有效开展。推荐使用不少于 80 平方米的房间，以容纳 30 名学员。

3）房间布局。不仅要考虑到桌椅搬动的方便性，还要考虑到培训设备摆放的合理性，以及学员培训过程中的舒适度。有效的培训需要高度集中注意力，为实现这一点，培训教室应该满足以下几点：

- 有充足的光线。
- 有良好的通风。
- 能够不受外界打扰地开展培训。

网络创业培训对场地的网络配置要求，建议独享不低于 100 兆带宽，确保学员可以流畅使用各类教学辅助平台。若场地的网络配置不足以支撑培训学员要求，主办单位需增加网络带宽，或增加路由器数量，降低单个路由器的客户访问数量。

（2）关于学员的舒适度，需要考虑：

1）学员进出培训地点是否方便。

2）培训地点的设施是否能够满足学员那些与培训无关的需求和欲望。

3）培训地点提供的住宿房间是否适合课后学习，特别是要具备网络条件。

4）假如培训班面向的是残障人员，是否有为肢残学员提供的便捷设施以方便他们接受培训。

建议尽早确定培训地点，最好能够在培训活动开始前数周确定，以便与参加培训的学员和合作培训讲师及时沟通有关培训地点的细节。

4.1.2.2 做好培训班预算

承办网络创业培训需要有相关经费投入，对培训所需的经费应先做好预算，并交培训机构评估核算。为了做出适当的培训预算，应该考虑下列项目：

- 工作人员和授课讲师的报酬。
- 如果额外邀请专家，该专家的报酬与补贴。
- 培训场地费用。
- 培训教材、教具及设备费用。
- 网络配置费用。

- 如果培训机构计划向学员提供食宿，还应包括学员的食宿费。
- 通信费用，如电话费、电传费、邮费等。
- 交通费用。
- 培训后续支持服务费用。
- 其他费用。

4.1.2.3 确定合作培训讲师

确保两名网络创业培训讲师在培训期间共同授课，以避免授课讲师因疲劳而降低工作效率，这样也能使学员对课程更感兴趣。

4.1.2.4 将培训安排通知学员

应该在培训前（提前1~2周）通知学员即将开始的培训班安排，以便他们做出自己相应的安排。

4.1.2.5 组织培训教材和设备

（1）准备培训教材。培训使用的主要教材是《网络创业培训教程（电商版）（第二版）》。每名学员都应收到一本《网络创业培训教程（电商版）（第二版）》正版教材。此外，每名学员还应收到一本与所使用的网络创业培训教学辅助平台相配套的实操指导手册。

（2）准备培训设备和教具。参见"网络创业培训学员班教材、设备和教具清单"。

（3）准备监督与评估工具。监督评估工具表单参见"6.培训周期第六步：监督与评估"相关内容。

4.1.2.6 召开培训前预备会

培训前，培训机构要组织所有参加此次培训的讲师和培训机构跟班工作人员共同开会，讨论培训班的安排，包括分配授课内容和实际授课方式等。要确保所有参加此次培训的授课讲师得到以下信息：

- 此次培训的每名学员的情况。
- 此次培训的每名学员参加培训的目的。
- 培训地点和培训时间安排。
- 授课讲师之间工作任务的分配计划。
- 培训机构跟班工作人员的工作任务安排。

- 教学辅助平台技术细节。

4.1.2.7 最后检查

确保在培训前再次提醒学员培训日期及相关要求，并确认他们能否参加。确保在培训开始前再次检查各项安排，包括：

- 与授课讲师进行沟通。
- 确保培训教材、设备和教具到位，检查并测试网络配置。
- 检查在培训地点的全部安排。
- 检查交通安排。
- 确保资金及时到位。
- 确保教学辅助平台账号全部开通。

4.2 培训中管理

4.2.1 培训管理工作核心要求如下：

（1）课时要求：为确保培训质量，网络创业培训采取集中授课，原则上不少于7天，56课时。

（2）考勤要求：学员参加网络创业培训，需严格遵守课堂纪律，严禁迟到早退、无故旷课。无故旷课或请假超过2次（一次请假不能超过4课时），学员将不能参加考核。

（3）考核要求：网络创业培训以建立系统的创业思维和提升创业能力为目标，主要考查学员店铺规划书和实践成果[①]。当地创业培训主管部门应组织非授课讲师对实践成果进行评分，对店铺规划书进行审核。实践成果评分合格且完成店铺规划书，方可获得"网络创业培训合格证书"。如实践成果不合格或未能完成店铺规划书，授课讲师应再次跟踪辅导。

4.2.2 培训中授课讲师应配合培训机构完成以下工作：

- 教材的征订、发放统计，以及教具的制作和配置等工作。
- 教学辅助平台学员账号分配、发放、登记、指导录入等工作。
- 讲师档案管理、讲师课程安排、课酬发放等工作。

---

① 学员在培训结束前需提交或登录网络创业培训教学辅助平台培训考核系统录入实践成果信息，包括模拟商城店铺信息、真实第三方电商平台店铺信息。同时在培训考核系统抽取非授课讲师，根据"网络创业培训实践成果评分表及评分标准"进行评分。实践成果满分100分，60分及以上为合格。

- 培训班课程表、班级花名册、通信录等的归档工作。
- 培训班中的后勤安排、准备和服务等工作。
- 培训班各种监督评估工具表单的使用、回收、整理和存档等工作。

4.3 互助学习小组教学法

4.3.1 什么是互助学习小组教学法

互助学习小组教学法就是将学员按一定规律分组，以学习小组为单位，以学员自主学习和合作探究为主要学习方式，以目标任务为驱动，达成合作参与、共同研修、同步提高目的的一种教学方法。

4.3.2 教学步骤

（1）培训前：组织机构根据附表3信息，将申请学员按照互联网知识能力水平或网络创业经验进行分组，建立互助学习小组。组织机构可先通过互联网社交平台帮助小组成员建立联系。

（2）培训中：以小组为单位，协作完成理论知识学习、讨论，以及教学辅助平台和真实第三方电商平台的相关实践任务。互助学习小组将学员个体间的学习竞争关系变成"组内合作""组间竞争"的关系，将培训中讲师与学员之间单向或双向交流变为讲师与学员、学员与学员之间的多向交流。

（3）培训后：互助学习小组将继续发挥作用，实现信息共享、问题解决及后续协助帮扶。

4.3.3 提示

（1）分组时每个小组尽量安排1~2名互联网知识能力水平较高的学员，以确保充分实现互助学习小组的引导作用和协助作用。

（2）互助学习小组教学法应贯穿培训始终。

（3）分组的合理程度和讲师的引导是取得良好效果的关键。

4.3.4 利弊分析

互助学习小组教学法利弊分析见表2-2。

表 2-2　　　　　　　　　　互助学习小组教学法利弊分析

利	弊
建立了讲师、学员间平等交流与互动的新型关系，讲师扮演顾问和指导员的角色，以讲师为主导，以学员为主体	小组学习时，学员参与度可能不均衡，因而能力强的学员参与机会明显较多，而能力较弱的学员则显得消极被动，体验感较差
通过设计各种合作学习任务，学员在交流中不仅掌握了知识，而且增强了合作意识	如果小组发言人固定，可能会忽视个体独立思考，易出现某些小组成员"搭车"现象
将学员由学习的被动接受者变为主动参与者，培养了学员的自学能力和组织能力	如果预留小组活动时间有限，那么合作学习可能流于形式，学员合作不充分
小组学习可引导学员通过各种渠道获取信息，并将学员课内学习延伸到课外，拓宽了学员学习的空间	对讲师的授课节奏把控能力和课堂组织能力要求较高

4.4　网络创业培训教学辅助平台

网络创业培训教学辅助平台是指为加强教学监督与评估，降低在真实第三方电商平台的实践风险，确保学员在规定课时内高效完成培训及创业实践任务而开发的具有教学、管理等功能的模拟平台。学员培训教学辅助平台由各地创业培训主管部门根据技术要点自主选择引进或自主开发。学员培训教学辅助平台应包括但不限于模拟训练、培训考核、培训管理、后续服务四个功能，见表2-3。在确保支持电脑端使用的基础上，鼓励实现移动端应用。

表 2-3　　　　　　网络创业培训学员培训教学辅助平台选择技术要点

功能名称	功能概述
模拟训练功能	模拟训练功能包括模拟商城和模拟供销系统，满足网络创业培训线上实操教学需求。模拟商城为学员模拟真实电商创业环境，支持学员练习店铺注册、商品管理、交易管理、店铺管理、促销管理、客服管理等操作要点；模拟供销系统支持商品一键上架、订单抓取、库存同步及发货、退换货等功能，并与模拟商城实现数据交互。模拟训练帮助学员熟悉电商实操流程，避免因不熟悉真实第三方电商平台规则而导致各种处罚等风险 鼓励有条件的地区或平台开发模拟直播电商功能，满足学员直播电商创业需求。模拟直播电商应实现模拟店铺直播间实时商品发布、管理、交易及留言、点赞等功能，并与模拟商城数据账号联通。根据网络创业发展趋势及网络创业培训学员需求，可探索拓展模拟训练功能，提升培训效果

续表

功能名称	功能概述
培训考核功能	培训考核功能主要帮助培训机构和讲师完成培训考勤和结果考核，包括出勤考核、课堂表现考核和培训结果考核。支持学员在线提交实践成果、店铺规划书，评分讲师在线评审打分，学员打印店铺规划书等功能 鼓励有条件的地区探索线上线下融合的网络创业培训，并通过平台实现实名认证、人脸识别核验、电子签名等出勤考核功能
培训管理功能	培训管理功能主要帮助创业培训主管部门完成培训监督和效果评估，包括学员信息录入（或导入）、开班申请、监督与评估工具表单提交、材料报送、后续跟踪、统计分析等 鼓励有条件的地区探索线上线下融合的网络创业培训，通过平台实现音（视）频监控及禁止切屏，考核成绩按班级、区域、时间、机构等实时统计分析，电子证书生成、发放、查询等功能，并与当地实名验证系统、已有创业（职业）培训管理信息系统、部中心创业培训技术服务管理平台互联互通、数据共享
后续服务功能	后续服务功能包括在线学习、资源对接等功能，满足学员和讲师的能力提升需求。在线学习可结合网络创业培训课程内容，持续补充提供更多教学资源；资源对接可展示融资、孵化、咨询、指导等服务资源信息，帮助学员高效匹配所需服务 鼓励有条件的地区或平台探索开发融合创业培训及后续服务的综合门户，实现一站式服务。开发后续服务的监督与评估功能，实现后续服务过程可记录、可统计，为创业培训主管部门、培训机构及创业指导工作室开展后续服务提供数据支撑

4.5 培训后管理

4.5.1 证书核发

培训结束后，培训机构应向当地创业培训主管部门申请"网络创业培训合格证书"，确保及时发放。

4.5.2 资料报送

培训结束后，培训机构和授课讲师应及时做好资料登记、整理等工作，并按照当地创业培训主管部门要求报送本次培训班相关信息及材料。鼓励各地通过创业培训管理平台或网络创业培训教学辅助平台培训管理系统，实现培训资料收集和监督评估一体化管理。

5. 培训周期第五步：后续服务

后续服务是指为增强培训效果，培训机构和讲师在培训结束后开展的后续跟踪及指导服务。为了将后续服务落到实处，不断提升后续服务质量，培训机构和讲师可以从以下三方面开展后续服务工作。

5.1 对学员创业或企业经营情况定期跟踪回访

培训机构和讲师应通过电话回访、在线调查、实地考察等方式跟踪学员创业情况，上报当地创业培训主管部门。做好创业情况跟踪统计工作，有助于培训机构及创业培训主管部门及时掌握学员的实际创业情况，发现、总结、解决实际创业过程中存在的问题，评估创业培训实施效果及后续服务成效。

5.1.1 创业情况跟踪

通过电话回访、在线调查、实地考察等方式跟踪学员创业情况，填写网络创业培训学员后续支持服务需求调查表。培训机构可以通过网络创业培训教学辅助平台在线开展学员创业调查、统计等工作，填写网络创业培训学员创业情况跟踪调查表，并在培训实施后半年和一年填写网络创业培训学员创业情况统计表。

5.1.2 创业成果认定

创业培训合格的学员应提供相关证明材料，证明自己创业成功。培训机构可根据学员提交的实践成果，通过网络创业培训教学辅助平台培训管理系统，定期对学员注册的店铺进行创业成果追踪，并通过扶持服务帮助其达到当地网络创业成功认定标准，使其能够享受扶持政策。网络创业成功认定标准由当地创业培训主管部门制定。

5.2 满足学员继续提升培训需求

5.2.1 学习指导

培训机构可以不定期地组织线下创业沙龙等活动，邀请工商或税务专员、成功创业者、企业家、专家学者对学员进行面对面的咨询指导；推荐学员参加适宜的其他创业培训课程。培训机构可以指导学员在培训结束后通过线上、线下两种渠道继续学习，也可以不定期组织形式多样的咨询指导交流活动和专业课程培训；学员可根据自身需求借助教学辅助平台自学网络创业及互联网技能等提升类课程。

5.2.2 信息交流

培训机构应组织培训班学员、讲师通过互联网社交平台或网络创业培训教学辅助平台

（有此功能），实现学员与讲师、学员与学员之间的实时交流互动，营造互帮互助的良好学习氛围。

5.3 提供创业后各类扶持服务

5.3.1 对接各类创业服务

培训机构和讲师可以根据学员的实际情况和需求，帮助其对接当地孵化场所、投（融）资机构，以及咨询指导机构等专业创业扶持服务机构。

5.3.2 活动组织

各地创业培训主管部门可以通过组织创业沙龙、创业论坛、创业创新大赛、创业项目展示会、创业大讲堂等活动，帮助学员对接各类创业服务资源。有条件的培训机构可以指导学员通过网络创业培训教学辅助平台，远程参与创业论坛、创业沙龙等交流活动。

5.3.3 其他服务

在培训结束后，根据创业实际需求，培训机构可以指导学员继续对接使用网络创业培训教学辅助平台提供的在线学习和其他后续服务。

6. 培训周期第六步：监督与评估

监督与评估是指利用监督评估工具表单[①]全程收集、分析学员培训活动信息，并在此基础上对培训进展情况、培训效果、学员满意度等进行评估的过程。监督与评估包括对网络创业培训活动的日常全过程监督以及对阶段性效果的评估。

网络创业培训学员培训监督评估工具表单见表2-4。

表2-4　　网络创业培训学员培训监督评估工具表单

工具表单名称	作用	填写人	使用者	使用时间
1.创业培训学员入学登记表主表 2.创业培训学员入学登记表附表3—网络创业登记表	● 学员选择 ● 培训需求分析 ● 收集学员个人和企业情况信息	讲师或指导学员填写	学员	培训开始前

---

① 监督评估工具表单将根据创业培训技术发展而不断完善更新，请及时登录中国就业网创业培训栏目（www.chinajob.mohrss.gov.cn）下载最新版本。

续表

工具表单名称	作用	填写人	使用者	使用时间
3. 创业培训学员选择程序	学员选择	——	讲师	学员选择和培训需求分析
4. 网络创业培训学员班教材、设备和教具清单	做好培训前筹备工作	——	培训机构	培训开始前
5. 网络创业培训（电商）学员培训标准课程表	提供标准课程安排	——	讲师 培训机构	培训全程
6. 每日意见反馈表	评估学员对当天培训的满意度	学员	讲师 培训机构	每天培训结束时
7. 网络创业培训（电商）学员培训班期末评估表	评估学员对整个培训课程的满意度	学员	讲师 培训机构	培训结束时
8. 网络创业培训实践成果信息登记表	检验、考核学员完成实践任务情况	学员	讲师 培训机构	培训结束时
9. 网络创业培训实践成果评分表及评分标准	实践成果评分	讲师	讲师 培训机构	培训结束后
10. 网络创业培训（电商）店铺规划书	制订店铺可行性计划	讲师指导学员填写	学员 讲师	培训结束后
11. 创业培训学员班活动报告	总结培训活动，收集学员收获及其企业经营信息	讲师	讲师 培训机构	培训结束后
12. 网络创业培训学员后续支持服务需求调查表	了解学员后续支持服务需求	讲师	讲师 培训机构	培训结束后
13. 网络创业培训学员创业情况跟踪调查表	了解学员培训后创业情况及企业经营情况	培训机构	培训机构 主管部门	按一定周期（如每半年、每年等）

第三部分　网络创业培训（电商）学员班教学计划

网络创业培训（电商）学员培训标准课程表

日期	时间	教学单元	教学内容
第一天	09:00—12:00	开班	开班式
			第1课　网络创业培训项目介绍
			第2课　建立互助学习小组
		理论教学	第3课　了解网络创业形势
	14:00—17:00	理论教学	第4课　认识电商创业机会
		课后任务	布置店铺注册任务，准备店铺注册用相关资料
			基于电商创业机会思考电商创业项目
第二天	09:00—12:00	理论教学	第5课　电商创业者自我评价
			第6课　项目选择
	14:00—17:00	理论教学	第7课　市场分析
			第8课　开办准备——选择电商平台
		实操任务	第9课　店铺注册
			模拟商城店铺注册
			第三方电商平台店铺注册（移动端注册）

续表

日期	时间	教学单元	教学内容
第三天	09:00—12:00	理论教学	第10课 开办准备——组织货源 第11课 开办准备——组建团队
	14:00—17:00	理论教学	第12课 运营管理——运营管理概述 第13课 运营管理——店铺呈现·商品展示
第四天	09:00—12:00	实操任务	第14课 商品展示 模拟商城与第三方电商平台商品展示
	14:00—17:00	理论教学	第15课 运营管理——店铺呈现·店铺装修
		实操任务	第16课 店铺呈现·素材制作
第五天	09:00—12:00	实操任务	第17课 店铺装修 模拟商城与第三方电商平台店铺装修
	14:00—17:00	理论教学	第18课 运营管理——店铺管理
第六天	09:00—12:00	理论教学	第19课 运营管理——店铺推广（一）
	14:00—17:00	理论教学	第20课 运营管理——店铺推广（二） 第21课 运营管理——财务计划、店铺规划书
		课后任务	填写店铺规划书
第七天	09:00—12:00	理论教学	第22课 项目优化
		实操任务	提交店铺规划书 提交实践成果
	14:00—17:00	实操任务	实践成果展示与评价指导 结业考核
		结业	结班仪式

第1课 网络创业培训项目介绍

教学目标： 这堂课结束时，学员能够：

- 了解马兰花中国创业培训项目概况。
- 了解网络创业培训项目概况。
- 理解网络创业培训（电商）八步内容。

视觉教具： 多媒体投影仪、黑（白）板、彩色卡纸、活页挂纸。

授课时间： 30分钟。

	第一天	第二天	第三天	第四天	第五天	第六天	第七天
第1节课	■						
休息							
第2节课							
午休							
第3节课							
休息							
第4节课							

时间	内容概述	授课方法和教学内容	视觉教具	相关资料
5分钟	教学目标综述	讲授法 1. 讲师自我介绍 2. 阐述本课教学目标和主要内容	多媒体投影仪	
10分钟	网络创业培训项目概况	讲授法 1. 马兰花中国创业培训项目介绍 2. 网络创业培训项目背景 3. 网络创业培训项目目标、对象及价值 4. 网络创业培训（电商）课程体系及培训特色	多媒体投影仪 彩色卡纸	
12分钟	网络创业培训（电商）八步解析	讲授法 1. 网络创业培训（电商）八步内容及其内在关联 2. 网络创业培训（电商）课程安排	黑（白）板 活页挂纸 彩色卡纸	课程表
3分钟	总结	讲授法 用思维导图总结本课要点，回顾教学目标	黑（白）板	

第2课 建立互助学习小组

教学目标： 这堂课结束时，学员能够：

- 完成"破冰"并建立互助学习小组。
- 了解学习形式及考核要求。

视觉教具： 多媒体投影仪、活页挂纸、黑（白）板、彩色卡纸。

授课时间： 60分钟。

	第一天	第二天	第三天	第四天	第五天	第六天	第七天
第1节课	■						
	休息							
第2节课							
	午休							
第3节课							
	休息							
第4节课							

时间	内容概述	授课方法和教学内容	视觉教具	相关资料
3分钟	教学目标综述	讲授法 阐述本课教学目标和主要内容	多媒体投影仪	
45分钟	"破冰"分组	讲授法 1.建立互助学习小组（注意把握分组维度，并确保每组有1~2名熟悉电商的学员） 2.以小组为单位进行团建并展示 3.成立班委会，进行班级文化建设及班规说明	多媒体投影仪 黑（白）板 活页挂纸 彩色卡纸	创业培训学员登记表附表3——网络创业登记表
3分钟	培训班目标介绍	讲授法 从有助于学员改变意识、提升能力和实现结果3个层面作说明，以激发学员的学习兴趣和欲望	多媒体投影仪	课程表
3分钟	学习形式说明	讲授法 1.互助学习小组介绍（说明互助学习小组在教学中的运用，让学员理解并配合教学中的互助学习小组活动安排） 2.学员培训教学辅助平台介绍（平台路径及不同系统在教学中的应用）	多媒体投影仪	讲师手册第20~22页

续表

时间	内容概述	授课方法和教学内容	视觉教具	相关资料
3分钟	考核要求说明	讲授法 从考勤要求、店铺规划书和实践成果提交要求说明对学员的考核要求	多媒体投影仪	讲师手册 第19~20页
3分钟	总结	讲授法 1. 总结本课要点，回顾教学目标 2. 询问学员是否有疑问，并给予反馈	多媒体投影仪	

注："讲师手册"指本书。

第3课　了解网络创业形势

教学目标： 这堂课结束时，学员能够：

- 了解什么是网络创业和电商创业。
- 了解网络经济的形势。
- 了解电商创业的现状及发展趋势。

视觉教具： 多媒体投影仪、视频短片。

授课时间： 50分钟。

	第一天	第二天	第三天	第四天	第五天	第六天	第七天
第1节课							
	休息						
第2节课	■						
	午休						
第3节课							
	休息						
第4节课							

时间	内容概述	授课方法和教学内容	视觉教具	相关资料
3分钟	教学目标综述	讲授法 阐述本课教学目标和主要内容	多媒体投影仪	
4分钟	网络创业概念	讲授法 1. 什么是网络创业 2. 什么是电商创业	多媒体投影仪	教材第1~2页
40分钟	网络创业形势	讲授法/头脑风暴法 1. 利用数据、实例及视频介绍网络经济的形势 2. 组织学员用头脑风暴法找出近两年自己生活和工作中因网络技术发展而发生的改变，进而分析新时代网络创业面临的现状和机遇 3. 讲授电商创业的现状及发展趋势	多媒体投影仪 视频短片	教材第2~6页
3分钟	总结	讲授法 回顾本课要点，回顾教学目标	多媒体投影仪	

注："教材"指《网络创业培训教程（电商版）（第二版）》。

第4课　认识电商创业机会

教学目标： 这堂课结束时，学员能够：

- 了解发掘电商创业机会的思路。
- 理解农村电商、跨境电商、O2O 电商及其他电商创业现象的发展现状、趋势及创业机会。
- 了解电商创业风险和规避风险的思路。

视觉教具： 多媒体投影仪、黑（白）板、彩色卡纸。

授课时间： 160 分钟。

	第一天	第二天	第三天	第四天	第五天	第六天	第七天
第1节课							
	休息						
第2节课							
	午休						
第3节课	■						
	休息						
第4节课	■						

时间	内容概述	授课方法和教学内容	视觉教具	相关资料
10 分钟	教学目标综述	讲授法 1. 回顾前课内容 2. 阐述本课教学目标和主要内容	多媒体投影仪	
15 分钟	电商创业机会	讲授法/头脑风暴法 1. 对比实体企业和电商企业的经营过程，讲授发掘电商创业机会的思路 2. 组织学员用头脑风暴法，结合电商企业经营过程，找出电商创业机会	多媒体投影仪	教材第7~8页
65 分钟	农村电商、跨境电商、O2O 电商	讲授法/案例分析法/头脑风暴法 1. 讲授农村电商、跨境电商、O2O 电商的概念、特点和发展现状 2. 结合案例解析三种电商创业现象的典型模式 3. 组织学员用头脑风暴法，列举三种电商创业现象下的创业机会 （可根据学员类型及其需求侧重某种或某几种电商创业现象进行讲解和练习） 4. 总结讲授三种电商创业现象下的创业机会	黑（白）板 彩色卡纸 多媒体投影仪	教材第8~18页

续表

时间	内容概述	授课方法和教学内容	视觉教具	相关资料
45分钟	其他电商创业现象	讲授法/案例分析法/头脑风暴法 1. 讲授其他电商创业现象的概念、特点和发展现状 2. 结合案例进行解析 （可根据学员类型及其需求侧重某种或某几种电商创业现象进行讲解和练习）	多媒体投影仪	教材第18~22页
15分钟	电商创业风险	讲授法/头脑风暴法 1. 组织学员用头脑风暴法列举电商创业面临的风险 2. 总结讲授电商创业风险和规避风险的思路	多媒体投影仪	教材第22~24页
10分钟	总结	讲授法 回顾本课主要内容	多媒体投影仪	

第5课　电商创业者自我评价

教学目标：这堂课结束时，学员能够：

- 了解电商创业面临的挑战。
- 从创业素质、知识技能、资源条件三个方面评价自己。
- 了解增强电商创业能力的途径和方法。

视觉教具：多媒体投影仪、黑（白）板、活页挂纸、彩色卡纸。

授课时间：60分钟。

	第一天	第二天	第三天	第四天	第五天	第六天	第七天
第1节课		■					
	休息						
第2节课							
	午休						
第3节课							
	休息						
第4节课							

时间	内容概述	授课方法和教学内容	视觉教具	相关资料
5分钟	教学目标综述	讲授法 1. 学员意见反馈 2. 回顾前课内容 3. 阐述本课教学目标和主要内容	活页挂纸 多媒体投影仪	每日意见反馈表
10分钟	电商创业面临的挑战	头脑风暴法/讨论法/案例分析法 1. 请学员结合案例讨论导致电商创业失败的原因 2. 讲师点评学员讨论情况并举例说明 3. 讲师对讨论结果进行归纳总结	黑（白）板 彩色卡纸	教材第25~27页
30分钟	从电商创业者角度评价自己	讲授法/讨论法/练习法 1. 从创业素质、知识技能和资源条件三个方面收集电商创业者需具备哪些要素 2. 分组讨论现阶段需要具备的最基本的创业素质、知识技能和资源条件有哪些，并讨论为什么（在上面收集要素的基础上完成） 3. 讲授自我评价的方式，并分组练习 （若教学辅助平台有在线测评系统，建议使用该功能进行课堂测评）	活页挂纸 多媒体投影仪	教材第27~31页

续表

时间	内容概述	授课方法和教学内容	视觉教具	相关资料
10分钟	增强你的电商创业能力	讲授法/讨论法 1. 针对自我评价结果，分组讨论如何提升电商创业能力 2. 讲师总结并讲授增强电商创业能力的常见途径及方法	多媒体投影仪	教材第31~34页
5分钟	总结	讲授法 回顾本课主要内容	多媒体投影仪	

续表

第6课 项目选择

教学目标： 这堂课结束时，学员能够：

- 了解寻找电商创业项目的途径。
- 掌握寻找电商创业项目的方法。
- 理解筛选电商创业项目的维度。
- 运用分析电商创业项目的方法及工具确定适合自己的电商创业项目。

视觉教具： 多媒体投影仪、活页挂纸、彩色卡纸。

授课时间： 100分钟。

	第一天	第二天	第三天	第四天	第五天	第六天	第七天
第1节课							
	休息						
第2节课		■					
	午休						
第3节课							
	休息						
第4节课							

时间	内容概述	授课方法和教学内容	视觉教具	相关资料
5分钟	教学目标综述	讲授法 1. 回顾前课内容 2. 阐述本课教学目标和主要内容	活页挂纸 多媒体投影仪	
25分钟	寻找你的电商创业项目	讲授法/练习法/讨论法 1. 讲授寻找电商创业项目的途径 2. 讲授寻找电商创业项目的方法，并指导学员填写创业者自身资源分析表及环境调查结果分析表 3. 分组讨论，针对某一商品进行改进和创新	多媒体投影仪	教材第35~43页
25分钟	筛选你的电商创业项目	讲授法/练习法/讨论法 1. 指导学员完成电商创业项目一览表 2. 讲授筛选电商创业项目的维度 3. 指导学员筛选自己的电商创业项目	多媒体投影仪	教材第43~45页

续表

时间	内容概述	授课方法和教学内容	视觉教具	相关资料
40分钟	分析并确定你的电商创业项目	<u>讲授法／练习法／头脑风暴法</u> 1. 讲授收集数据的渠道、整理数据的方法，指导学员完成自己电商创业项目的数据分析 2. 以小组为单位，结合数据分析结果对项目进行SWOT分析练习 3. 指导学员完成电商创业项目的选择，并填写"电商创业项目描述"	多媒体投影仪 彩色卡纸	教材第45~52页
5分钟	总结	<u>讲授法</u> 回顾本课主要内容	多媒体投影仪	

第7课 市场分析

教学目标：这堂课结束时，学员能够：

- 了解市场环境概况。
- 了解目标客户和竞争对手的概念。
- 理解市场细分的内容及方法。
- 掌握通过选择目标客户和分析竞争对手进行市场定位的方法。

视觉教具：多媒体投影仪、活页挂纸。

授课时间：60分钟。

	第一天	第二天	第三天	第四天	第五天	第六天	第七天
第1节课							
	休息						
第2节课							
	午休						
第3节课		■					
	休息						
第4节课							

时间	内容概述	授课方法和教学内容	视觉教具	相关资料
5分钟	教学目标综述	讲授法/提问 1. 回顾前课内容 2. 阐述本课教学目标和主要内容	多媒体投影仪	
20分钟	认识市场环境及客户分析	讲授法/头脑风暴法/练习法 1. 讲授市场环境相关内容 2. 讲授客户的概念并举例 3. 组织学员用头脑风暴法列举细分目标客户的维度 4. 总结讲授细分目标客户的维度 5. 指导学员完成确定目标客户的练习	多媒体投影仪 活页挂纸	教材第53~59页
15分钟	竞争对手分析	讲授法/头脑风暴法/练习法 1. 讲授竞争对手的概念并举例 2. 组织学员用头脑风暴法列举竞争对手的分析维度 3. 指导学员完成竞争对手分析的练习	多媒体投影仪 活页挂纸	教材第59~61页

续表

时间	内容概述	授课方法和教学内容	视觉教具	相关资料
15分钟	市场定位	讲授法/练习法 1. 讲授市场定位的概念并举例 2. 讲授市场定位的四个维度 3. 指导学员完成市场定位练习	多媒体投影仪 活页挂纸	教材第61~63页
5分钟	总结	讲授法 回顾本课主要内容	多媒体投影仪	

第8课 开办准备——选择电商平台

教学目标：这堂课结束时，学员能够：

- 了解电商平台分类。
- 理解电商平台基本规则。
- 基于自己电商创业项目选择合适的电商平台。

视觉教具：多媒体投影仪、黑（白）板、彩色卡纸。

授课时间：50分钟。

	第一天	第二天	第三天	第四天	第五天	第六天	第七天
第1节课							
			休息				
第2节课							
			午休				
第3节课							
			休息				
第4节课		■					

时间	内容概述	授课方法和教学内容	视觉教具	相关资料
5分钟	教学目标综述	讲授法 阐述本课教学目标和主要内容	多媒体投影仪	
10分钟	了解电商平台	头脑风暴法/讲授法 1.组织学员用头脑风暴法列出常见电商平台 2.介绍电商平台类别	多媒体投影仪 彩色卡纸	教材第64~65页
15分钟	明确电商平台规则	头脑风暴法/讲授法 1.组织学员用头脑风暴法列出电商创业有哪些违规行为 2.介绍第三方电商平台基本规则	多媒体投影仪 彩色卡纸	教材第65~68页
15分钟	选择电商平台	讲授法/练习法 讲授并指导学员选择适合自己项目的电商平台	多媒体投影仪 黑（白）板	
5分钟	总结	讲授法 回顾本课主要内容	多媒体投影仪	

第9课 店铺注册

教学目标：这堂课结束时，学员能够：

- 掌握模拟商城注册及上货流程。
- 掌握第三方电商平台注册流程。

视觉教具：多媒体投影仪、黑（白）板。

授课时间：50分钟。

	第一天	第二天	第三天	第四天	第五天	第六天	第七天
第1节课							
	休息						
第2节课							
	午休						
第3节课							
	休息						
第4节课		■					

时间	内容概述	授课方法和教学内容	视觉教具	相关资料
2分钟	教学目标综述	讲授法 阐述本课教学目标和主要内容	多媒体投影仪	
25分钟	模拟商城注册与上货	讲授法/练习法 1. 模拟商城注册及上货流程介绍 2. 演示模拟商城注册及上货流程 3. 指导学员完成模拟商城注册及上货操作练习	黑（白）板 多媒体投影仪	实操指导手册
20分钟	第三方电商平台店铺注册	讲授法/练习法 1. 介绍第三方电商平台店铺注册基本流程 2. 演示第三方电商平台店铺注册基本流程 3. 指导学员完成第三方电商平台店铺（或移动端店铺）注册操作	多媒体投影仪	实操指导手册
3分钟	总结	讲授法 回顾本课主要内容	多媒体投影仪	

注："实操指导手册"指与网络创业培训教学辅助平台相匹配的操作指导说明书。

第10课　开办准备——组织货源

教学目标： 这堂课结束时，学员能够：

- 了解寻找货源的途径。
- 掌握评价货源的维度。
- 了解供应链管理。

视觉教具： 多媒体投影仪、黑（白）板、活页挂纸。

授课时间： 80分钟。

	第一天	第二天	第三天	第四天	第五天	第六天	第七天
第1节课			■				
休息							
第2节课							
午休							
第3节课							
休息							
第4节课							

时间	内容概述	授课方法和教学内容	视觉教具	相关资料
5分钟	教学目标综述	讲授法 1. 学员意见反馈 2. 阐述本课教学目标和主要内容	多媒体投影仪	每日意见反馈表
55分钟	寻找货源	讲授法/讨论法/练习法/案例分析法 1. 讲授货源的重要性 2. 讲授寻找货源的途径 3. 分组讨论，分析自己的货源 4. 讲授评价货源的维度 5. 通过练习初步选定自己的货源	多媒体投影仪 活页挂纸 黑（白）板	教材第69~72页
15分钟	供应链管理	讲授法/案例分析法 1. 讲授供应链管理的重要性 2. 讲授供应链管理的内容	多媒体投影仪	教材第72~73页
5分钟	总结	讲授法 回顾本课主要内容	多媒体投影仪	

第11课 开办准备——组建团队

教学目标： 这堂课结束时，学员能够：

- 了解电商创业团队的成员和基本架构。
- 熟练掌握电商创业团队不同岗位的职责。
- 了解电商创业团队员工招聘与管理相关内容。

视觉教具： 多媒体投影仪、活页挂纸、黑（白）板。

授课时间： 80 分钟。

	第一天	第二天	第三天	第四天	第五天	第六天	第七天
第1节课							
休息							
第2节课			■				
午休							
第3节课							
休息							
第4节课							

时间	内容概述	授课方法和教学内容	视觉教具	相关资料
5分钟	教学目标综述	讲授法 阐述本课教学目标和主要内容	多媒体投影仪	
15分钟	电商创业团队成员	讲授法/头脑风暴法 1. 提问电商创业团队人员组成 2. 讲授电商创业团队的架构类型	多媒体投影仪	教材第73~74页
30分钟	电商创业团队的岗位职责	讲授法/讨论法 1. 讲授电商创业团队的常见岗位 2. 提问并讲授电商创业团队的岗位职责	多媒体投影仪 活页挂纸 黑（白）板	教材第75~77页
25分钟	员工招聘及管理	讲授法/讨论法 1. 讲授电商创业团队的招聘流程 2. 讲授电商创业团队管理五要素 3. 确定你的团队构成并招聘员工	多媒体投影仪	教材第77~79页
5分钟	总结	讲授法 回顾本课主要内容	多媒体投影仪	

第 12 课　运营管理——运营管理概述

教学目标： 这堂课结束时，学员能够：

- 了解电商运营管理的基本内容。
- 理解电商运营管理的基本原理与核心目标。

视觉教具： 多媒体投影仪、黑（白）板、彩色卡纸、活页挂纸。

授课时间： 45 分钟。

	第一天	第二天	第三天	第四天	第五天	第六天	第七天
第1节课							
	休息						
第2节课							
	午休						
第3节课			■				
	休息						
第4节课							

时间	内容概述	授课方法和教学内容	视觉教具	相关资料
2分钟	教学目标综述	讲授法 1. 回顾前课内容 2. 阐述本课教学目标和主要内容	活页挂纸 多媒体投影仪	
10分钟	电商运营管理的基本内容	讲授法 讲授电商运营管理的概念和工作分类	多媒体投影仪 黑（白）板	教材第80~81页
30分钟	电商运营的基本原理与核心目标	案例分析法 / 讲授法 1. 讲授电商运营基本公式： 利润 = 访客数 × 转化率 × 客单价 − 总成本 2. 举例讲授电商运营三大基础性指标，即访客数、转化率、客单价 3. 讲授电商运营核心目标，即实现店铺盈利（提高访客数、转化率、客单价，控制成本支出）	多媒体投影仪 彩色卡纸	教材第81~84页
3分钟	总结	讲授法 回顾本课主要内容	彩色卡纸	

第13课　运营管理——店铺呈现·商品展示

教学目标：这堂课结束时，学员能够：

- 了解商品展示的内容。
- 掌握商品展示中商品标题、商品主图和商品描述的内容及制作方法。
- 了解商品定价的基本方法。

视觉教具：多媒体投影仪、黑（白）板、彩色卡纸、活页挂纸。

授课时间：115分钟。

	第一天	第二天	第三天	第四天	第五天	第六天	第七天
第1节课							
				休息			
第2节课							
				午休			
第3节课							
				休息			
第4节课			■				

时间	内容概述	授课方法和教学内容	视觉教具	相关资料
2分钟	教学目标综述	讲授法 1. 回顾前课内容 2. 阐述本课教学目标和主要内容	活页挂纸 多媒体投影仪	
15分钟	商品展示认知	讲授法/案例分析法 1. 结合多平台讲授商品展示的内容 2. 举例讲授商品标题、商品主图、商品描述、商品定价知识	多媒体投影仪 黑（白）板 彩色卡纸	教材第84~85页
30分钟	商品标题	讲授法/练习法/头脑风暴法/案例分析法 1. 讲授并组织学员用头脑风暴法列出商品标题的重要性 2. 讲授并举例分析商品标题的构成 3. 讲授如何确定商品标题 4. 讲授制作商品标题的注意事项 5. 指导学员针对前课模拟商城中发布的商品制作商品标题	多媒体投影仪 黑（白）板	教材第85~86页

续表

时间	内容概述	授课方法和教学内容	视觉教具	相关资料
25分钟	商品主图	讲授法/案例分析法 1. 讲授商品主图的重要性 2. 结合平台案例分析商品主图的设计和制作要点	多媒体投影仪 黑（白）板 彩色卡纸	教材第87~88页
30分钟	商品描述	讲授法/案例分析法 1. 讲授商品描述的重要性 2. 讲授并举例分析商品描述的内容 3. 讲授制作商品描述的原则和方法	多媒体投影仪 黑（白）板 彩色卡纸	教材第88~92页
10分钟	商品定价	讲授法/案例分析法 1. 讲授商品定价的重要性 2. 讲授影响商品定价的因素 3. 结合案例分析商品定价的几种方法	多媒体投影仪 黑（白）板	教材第93~95页
3分钟	总结	讲授法 回顾本课主要内容	多媒体投影仪	

第14课　商品展示：模拟商城与第三方电商平台商品展示

教学目标：这堂课结束时，学员能够：

- 掌握在电商平台发布自有商品的流程。
- 掌握在电商平台发布货源供销平台商品的流程。
- 完成店铺商品的展示设置与上架。

视觉教具：多媒体投影仪、黑（白）板。

授课时间：160分钟。

	第一天	第二天	第三天	第四天	第五天	第六天	第七天
第1节课				■			
休息							
第2节课				■			
午休							
第3节课							
休息							
第4节课							

时间	内容概述	授课方法和教学内容	视觉教具	相关资料
5分钟	教学目标综述	讲授法 1. 学员意见反馈 2. 回顾前课内容 3. 阐述本课教学目标和主要内容	多媒体投影仪	每日意见反馈表
75分钟	自有商品发布	讲授法 / 练习法 / 案例分析法 1. 讲授自有商品发布流程 2. 举例说明发布商品的注意事项，如保证金、商品类目、品牌、许可证等 3. 演示在模拟商城发布自有商品的流程，并指导学员练习 4. 演示在第三方电商平台发布商品的流程，并指导学员练习	多媒体投影仪 黑（白）板	实操指导手册

续表

时间	内容概述	授课方法和教学内容	视觉教具	相关资料
75分钟	货源供销平台商品发布	讲授法/练习法/案例分析法 1. 讲授发布货源供销平台商品的流程 2. 举例说明在货源供销平台发布商品的注意事项，如库存、利润设置，交易及下单流程 3. 演示在模拟供销系统发布商品的流程，并指导学员练习 4. 演示在货源供销平台发布商品的流程，并指导学员练习	多媒体投影仪 黑（白）板	实操指导手册
5分钟	总结	讲授法 回顾本课主要内容	多媒体投影仪	

第15课 运营管理——店铺呈现·店铺装修

教学目标： 这堂课结束时，学员能够：

- 了解店铺装修的基本内容。
- 理解店铺装修的重要性并初步完成店铺装修规划。
- 总结店铺装修流程。

视觉教具： 多媒体投影仪、彩色卡纸。

授课时间： 80分钟。

	第一天	第二天	第三天	第四天	第五天	第六天	第七天
第1节课							
	休息						
第2节课							
	午休						
第3节课				■			
	休息						
第4节课							

时间	内容概述	授课方法和教学内容	视觉教具	相关资料
3分钟	教学目标综述	讲授法 1. 回顾前课内容 2. 阐述本课教学目标和主要内容	多媒体投影仪	
7分钟	店铺装修的重要性	讲授法/案例分析法 通过正、反两方面案例对比说明店铺装修的重要性	多媒体投影仪	教材第95页
35分钟	店铺装修规划	讲授法/练习法/案例分析法 1. 讲授店铺装修规划的功能布局与视觉布局 2. 列举第三方电商平台店铺装修布局实例 3. 讲师总结店铺装修作用与店铺装修规划的主要内容 4. 引导学员结合店铺定位初步完成店铺装修规划	多媒体投影仪	教材第95~97页

续表

时间	内容概述	授课方法和教学内容	视觉教具	相关资料
30分钟	店铺装修流程	讲授法/讨论法/案例分析法 结合模拟商城店铺装修操作介绍店铺装修过程与对应操作流程，说明其作用（可请学员尝试进行模拟商城店铺装修部分操作） 1. 举例说明第三方电商平台店铺装修操作界面 2. 总结店铺装修流程及要点	多媒体投影仪 彩色卡纸	教材第97~99页实操指导手册
5分钟	总结	讲授法 回顾本课主要内容	多媒体投影仪	

第16课　店铺呈现·素材制作

教学目标： 这堂课结束时，学员能够：

- 了解素材的组成与规格。
- 了解常见的素材制作工具。
- 完成店铺装修素材制作。

视觉教具： 多媒体投影仪。

授课时间： 80分钟。

	第一天	第二天	第三天	第四天	第五天	第六天	第七天
第1节课							
休息							
第2节课							
午休							
第3节课							
休息							
第4节课				■			

时间	内容概述	授课方法和教学内容	视觉教具	相关资料
2分钟	教学目标综述	讲授法 1. 回顾前课内容 2. 阐述本课教学目标和主要内容	多媒体投影仪	
15分钟	素材与素材制作工具	讲授法/案例分析法 1. 讲授店铺装修素材组成与规格，并举例说明 2. 介绍素材制作工具，包括常用图片编辑软件、视频编辑软件与在线制作素材平台	多媒体投影仪	教材第99~100页
60分钟	素材制作与优化	讲授法/练习法 1. 演示素材制作过程，并请学员现场练习 2. 总结素材制作的注意事项 3. 指导学员完成店铺装修素材制作	多媒体投影仪	
3分钟	总结	讲授法 回顾本课主要内容	多媒体投影仪	

第17课　店铺装修：模拟商城与第三方电商平台店铺装修

教学目标： 这堂课结束时，学员能够：

- 完成模拟商城店铺装修。
- 完成第三方电商平台店铺装修。

视觉教具： 多媒体投影仪、活页挂纸、彩色卡纸。

授课时间： 160分钟。

	第一天	第二天	第三天	第四天	第五天	第六天	第七天
第1节课					■		
	休息						
第2节课					■		
	午休						
第3节课							
	休息						
第4节课							

时间	内容概述	授课方法和教学内容	视觉教具	相关资料
5分钟	教学目标综述	讲授法 1. 学员意见反馈 2. 回顾前两课内容 3. 阐述本课教学目标和主要内容	多媒体投影仪	每日意见反馈表
40分钟	模拟商城店铺装修	讲授法/练习法 1. 演示模拟商城店铺装修流程 2. 请学员完成模拟商城店铺装修 3. 总结模拟商城店铺装修流程与要点	多媒体投影仪 活页挂纸	实操指导手册
40分钟	制作第三方电商平台店铺装修素材	讲授法/练习法 1. 演示所选第三方电商平台店铺装修素材制作过程 2. 请学员完成制作所选第三方电商平台店铺装修素材练习 3. 点评并总结素材制作要点	多媒体投影仪	

续表

时间	内容概述	授课方法和教学内容	视觉教具	相关资料
65分钟	第三方电商平台店铺装修	<u>讲授法／练习法</u> 1. 演示所选第三方电商平台店铺装修过程 2. 请学员完成所选第三方电商平台店铺装修练习 3. 点评并总结该第三方电商平台店铺装修流程、注意事项与操作要点	多媒体投影仪	
10分钟	总结	<u>讲授法</u> 回顾本课主要内容	多媒体投影仪 彩色卡纸	

第 18 课　运营管理——店铺管理

教学目标：这堂课结束时，学员能够：

- 了解交易管理的基本流程。
- 理解交易安全的重要性。
- 掌握客服各流程中的管理。
- 掌握评价管理规则和方法。

视觉教具：多媒体投影仪，黑（白）板、彩色卡纸。

授课时间：160 分钟。

	第一天	第二天	第三天	第四天	第五天	第六天	第七天
第 1 节课							
	休息						
第 2 节课							
	午休						
第 3 节课					■		
	休息						
第 4 节课					■		

时间	内容概述	授课方法和教学内容	视觉教具	相关资料
10 分钟	课程介绍	讲授法 1. 回顾前课内容 2. 阐述本课教学目标和主要内容	多媒体投影仪	
35 分钟	交易管理	讲授法 / 案例分析法 / 练习法 1. 讲授交易管理的概念及其重要性 2. 讲授各种交易状态下交易管理的内容，演示交易管理的基本流程，并指导学员进行练习 3. 结合案例分析交易安全的重要性	多媒体投影仪 彩色卡纸	教材第 103~105 页
70 分钟	客服管理	讲授法 / 案例分析法 / 角色扮演法 / 练习法 1. 讲授客服的概念及其重要性 2. 讲授客服管理规划 3. 讲授并结合案例分析客服售前培训、售中接待、售后管理的内容 4. 用角色扮演法展示客服售中接待要点、客户消费心理及客服沟通技巧 5. 讲授客服沟通工具的概念及其重要性 6. 演示客服沟通工具的使用方法，并指导学员练习	多媒体投影仪 黑（白）板	教材第 106~114 页

续表

时间	内容概述	授课方法和教学内容	视觉教具	相关资料
40分钟	评价管理	讲授法／案例分析法／练习法 1. 讲授评价管理的概念、分类及重要性 2. 结合案例分析商品评价和店铺评价的管理内容 3. 总结如何进行评价管理	多媒体投影仪	教材第114~116页
5分钟	总结	讲授法 回顾本课主要内容	多媒体投影仪	

第19课 运营管理——店铺推广（一）

教学目标： 这堂课结束时，学员能够：

- 理解推广的概念和重要性。
- 掌握常见推广渠道及推广形式。
- 制作推广素材，并规划简单的推广活动。

视觉教具： 多媒体投影仪、黑（白）板、活页挂纸、数码相机（配备较高像素摄像头的智能手机）、相机支架、补光灯、收声设备等。

授课时间： 160分钟。

	第一天	第二天	第三天	第四天	第五天	第六天	第七天
第1节课						■	
	休息						
第2节课						■	
	午休						
第3节课							
	休息						
第4节课							

时间	内容概述	授课方法和教学内容	视觉教具	相关资料
5分钟	教学目标综述	讲授法 1. 学员意见反馈 2. 回顾前课内容 3. 阐述本课教学目标和主要内容	多媒体投影仪	每日意见反馈表
15分钟	店铺推广的重要性	讲授法/案例分析法 1. 讲授推广的概念及重要性 2. 讲解典型案例，启发学员的推广思维	多媒体投影仪 黑（白）板	教材 第116页
60分钟	推广渠道及推广形式介绍	讲授法/案例分析法/头脑风暴法 1. 讲授并结合案例分析推广的主要渠道 2. 讲授并演示各种主要的推广形式 3. 组织学员用头脑风暴法列出各种推广形式的使用要点	多媒体投影仪 黑（白）板 活页挂纸	教材 第116~119页

续表

时间	内容概述	授课方法和教学内容	视觉教具	相关资料
75分钟	推广渠道及推广形式练习	<u>讲授法/练习法</u> 1. 讲授并演示如何利用社交媒体和直播平台进行店铺推广（可根据学员需求适当拓展） 2. 指导学员完成相应推广渠道的实操练习 3. 讲授并演示短视频文案写作方法及短视频制作方法（可根据学员需求适当拓展） 4. 指导学员完成相应推广形式的实操练习	多媒体投影仪 数码相机 相机支架 补光灯 收声设备	教材第119~121页
5分钟	总结	<u>讲授法</u> 回顾本课主要内容	多媒体投影仪	

第20课　运营管理——店铺推广（二）

教学目标： 这堂课结束时，学员能够：

- 学会制订自己的推广规划。
- 学会评估自己的推广规划。

视觉教具： 多媒体投影仪、黑（白）板。

授课时间： 60分钟。

	第一天	第二天	第三天	第四天	第五天	第六天	第七天
第1节课							
休息							
第2节课							
午休							
第3节课						■	
休息							
第4节课							

时间	内容概述	授课方法和教学内容	视觉教具	相关资料
5分钟	教学目标综述	讲授法 1. 回顾前课内容 2. 阐述本课教学目标和主要内容	多媒体投影仪	
15分钟	推广规划介绍	讲授法 讲授推广规划的基本内容	多媒体投影仪 黑（白）板	教材第121~123页
35分钟	推广规划练习	讲授法/练习法 1. 指导学员初步完成自己的推广规划 2. 分析并点评学员推广成果 3. 解答学员疑问，总结制订推广规划的注意事项	多媒体投影仪	
5分钟	总结	讲授法 回顾本课主要内容	多媒体投影仪	

第21课　运营管理——财务计划、店铺规划书

教学目标： 这堂课结束时，学员能够：

- 掌握预测启动资金的方法。
- 了解融资的渠道。
- 掌握预测利润的步骤、方法。
- 正确填写并上传店铺规划书。

视觉教具： 多媒体投影仪、黑（白）板、彩色卡纸、活页挂纸。

授课时间： 100分钟。

	第一天	第二天	第三天	第四天	第五天	第六天	第七天
第1节课							
			休息				
第2节课							
			午休				
第3节课							
			休息				
第4节课						■	

时间	内容概述	授课方法和教学内容	视觉教具	相关资料
5分钟	教学目标及内容综述	讲授法 1. 回顾前课内容 2. 阐述本课教学目标和主要内容	多媒体投影仪	
20分钟	预测启动资金	讲授法/头脑风暴法/案例分析法/讨论法/练习法 1. 组织学员用头脑风暴法列出启动资金的构成 2. 讲授启动资金的构成及预测方法 3. 分组讨论，并指导学员完成启动资金预测练习	多媒体投影仪 黑（白）板 彩色卡纸	教材第124~127页
15分钟	选择融资渠道	讲授法/案例分析法/讨论法 1. 讲授融资渠道 2. 分析讨论各融资渠道的优、缺点 3. 指导学员选择适合自己的融资渠道	多媒体投影仪 黑（白）板 彩色卡纸	教材第127~129页

续表

时间	内容概述	授课方法和教学内容	视觉教具	相关资料
25分钟	预测利润	讲授法/案例分析法/讨论法/练习法 1. 讲授预测利润的步骤 2. 结合案例讲授预测利润的方法,包括预测销售收入、总成本,计算利润等 3. 分小组讨论本组销售收入、成本、利润 4. 指导学员预测自己的利润	多媒体投影仪 彩色卡纸 活页挂纸	教材 第129~ 134页
30分钟	店铺规划书	讲授法/案例分析法/讨论法/练习法 1. 结合案例讲授店铺规划书的构成 2. 分组讨论,指导学员练习填写店铺规划书	多媒体投影仪 彩色卡纸 活页挂纸	教材 第135~ 137页
5分钟	总结	讲授法 回顾本课主要内容	多媒体投影仪	

第22课　项目优化

教学目标： 这堂课结束时，学员能够：

- 理解项目优化的要素。
- 理解运营优化的维度。
- 掌握运营优化的方法。

视觉教具： 多媒体投影仪、黑（白）板、活页挂纸、彩色卡纸。

授课时间： 60分钟。

	第一天	第二天	第三天	第四天	第五天	第六天	第七天
第1节课							■
				休息			
第2节课							
				午休			
第3节课							
				休息			
第4节课							

时间	内容概述	授课方法和教学内容	视觉教具	相关资料
5分钟	教学目标综述	讲授法 1. 学员意见反馈 2. 回顾前课内容 3. 阐述本课教学目标和主要内容	多媒体投影仪 活页挂纸	每日意见反馈表
10分钟	项目优化要素	讲授法/案例分析法/头脑风暴法 1. 结合案例讲授项目优化的作用 2. 组织学员用头脑风暴法列出项目优化需要考虑的要素 3. 总结讲授项目优化需要考虑的要素	多媒体投影仪	教材第138~139页
10分钟	运营优化维度	讲授法/案例分析法 1. 结合电商运营目标讲解运营优化维度 2. 结合案例分析店铺优化维度	多媒体投影仪	教材第139~140页

续表

时间	内容概述	授课方法和教学内容	视觉教具	相关资料
30分钟	运营优化方法	讲授法/练习法 1.结合案例分析运营优化方法 2.总结运营优化方法，并引导学员理解运营优化方法的应用（可选择店铺案例，让学员提出优化意见） 3.讲解数据分析和数据分析工具 4.引导学员完成店铺自检和优化实操	多媒体投影仪 黑（白）板	教材第141~142页
5分钟	总结	讲授法 回顾本课主要内容	多媒体投影仪	

附录1　网络创业培训学员培训监督评估工具表单

创业培训学员登记表主表

填表日期：_____　　　　　　　　　（请您在符合您的选项"□"处画"√"）

1. 所属城市		2. 培训机构名称	
3. 填表人	□ 学员在讲师指导下填写　　□ 学员独立填写 □ 学员面试时由讲师代为填写，填写讲师姓名：_____		

学员基本信息			
4. 姓名：	5. 性别：□ 男 / □ 女	6. 年龄：	照片
	7. 学历：		
8. 身份证号：			
9. 联系电话：		10. QQ：	
11. 电子邮箱：			
12. 联系地址：			
13. 目前您做什么工作？ □ 自由职业　　□ 待业　　□ 失业　　□ 务农，主要供自己消费　　□ 务农，也出售产品 □ 学生，所在学校及专业：_____ □ 已经创办并正在经营企业，企业名称及职务：_____ □ 就业，所在单位及职务（岗位）：_____ □ 其他，请说明：_____			

续表

14. 有何特长：

15. 要求登记的其他基本信息：

创业方向

16. 请从上至下，依次选择最接近您的想法的一列，并找到对应字母：_____

□ 准备创办一家企业				□ 继续经营自己现有的企业				□ 其他想法（请说明）：
□ 还没有明确、具体的企业想法		□ 已经有明确、具体的企业想法		□ 现有企业经营模式尚未互联网化			□ 现有企业依靠互联网渠道经营	
□ 先学习提高，暂不创业	□ 准备尽快创业	□ 创办传统类型的企业	□ 利用互联网创业	□ 按现在企业模式改善经营	□ 按现在企业模式扩大经营	□ 为现有企业做互联网化转型		
A	B	C	D	E	F	G	H	I

63

创业培训学员登记表附表1——企业想法登记表

填表日期：_____　　指导讲师姓名：_____　　单位：_____

（请您在符合您的选项"□"处画"√"）

创业者状况
17. 您是否有具体可行的企业想法： □ 还没有 □ 有，请具体说明：_____
18. 请说明您为什么要创办企业：
19. 请问您打算何时创办企业：
20. 您具备哪些与创办企业有关的技能、经验和资源？ □ 还没有 □ 有，请具体说明：_____

设想中的企业
21. 请简要描述您的企业想法： □ 还没有（如果还没有明确、具体的企业想法，请跳过此题框，直接回答第23题） □ 有，请具体说明：_____
22. 您将创办的企业属于哪个行业？（可多选） □ 制造业　　□ 服务业　　□ 零售业　　□ 批发业　　□ 农业或与农业有关行业 □ 不明确　　□ 其他行业，请说明：_____

续表

培训需求调查
23. 您期望在培训班里学到什么：

24. 对培训的承诺：

是否能够保证出勤？　□ 是　□ 否　　　　是否得到家庭成员的支持？　□ 是　□ 否

您确实想创办企业？　□ 是　□ 否　　　　是否能够遵守课堂要求？　□ 是　□ 否

25. 培训时间可能会根据参训者情况作出合理调整，请根据自身情况在能够参训的时段所对应的空格内画"√"。

	星期一	星期二	星期三	星期四	星期五	星期六	星期日
上午							
下午							
晚上							

其他关于时间方面的需求：

报名者签名：	日期：20　年　月　日

（★注：请将该附表与报名者的主表合并装订。）

创业培训学员登记表附表 2——现有企业登记表

填表日期：_____　　指导讲师姓名：_____　　单位：_____

（请您在符合您的选项"□"处画"√"）

企业信息（请指出对此栏信息严格保密）
17. 企业名称：
18. 企业地址：
19. 创建企业的日期：20　　年　　月　　　20. 是否已办理工商营业执照？　□ 是 / □ 否
21. 您在企业中的身份是：□ 企业主和负责人　□ 合伙人之一　□ 只是投资人　□ 其他
22. 您的企业属于哪个行业？（可多选） □ 制造业　□ 服务业　□ 零售业　□ 批发业　□ 农业或与农业有关行业 □ 不明确　□ 其他行业，请说明：_____
23. 请简要描述您企业的经营活动、范围和规模：
24. 您的企业目前经营状况如何？ □ 运行良好　　□ 不理想，存在问题　　□ 经营不善，情况堪忧
25. 您的企业平均每月的销售额：¥_____；面试前 1 个月销售额：¥_____ 这些数额与当年的其他数额基本相同吗？□ 是　□ 比通常数额高　□ 比通常数额低
26. 您的企业每日平均顾客是_____人；面试前 1 个月顾客数是_____人。 这些数字与当年的其他数字基本相同吗？□ 是　□ 比通常数字高　□ 比通常数字低
27. 您的企业营业额有_____% 的比例用于个人或家庭开支；扣除家庭开支后，通常每月剩余资金 ¥_____
28. 您对将来的企业有何打算？ □ 维持现有模式并逐步提高业绩　　□ 除现有企业外，创办新的企业 □ 创办新的企业并替代现有企业　　□ 不清楚
29. 请估算您的企业资产现值：¥_____ 机械 / 工具 / 设备：¥_____　　车辆 / 其他交通工具：¥_____ 场地 / 房屋 / 土地：¥_____　　其他，请说明：_____
30. 您的企业总共提供_____个工作岗位（包括雇主）。

续表

31. 请填写下面关于雇员情况的表格：

	在企业的主要工作	每周工作小时	工资		是否家庭成员（如果是，请在"□"处画"√"）	性别	
			支付	不支付		男	女
自身			□	□	□	□	□
雇员1			□	□	□	□	□
雇员2			□	□	□	□	□
雇员3			□	□	□	□	□
雇员4			□	□	□	□	□
雇员5			□	□	□	□	□
雇员6			□	□	□	□	□
雇员7			□	□	□	□	□
雇员8			□	□	□	□	□
雇员9			□	□	□	□	□
总计（如多于10人可以写在背面）							

32. 您对企业和雇员表现如何评价？（请在对应空格内画"√"）

	好 无须改进	不错 需要小的改进	不好 需要较大改进	根本不行 工作没有做
雇员工资水平				
雇员就业合同				
参加社会保险				
额外医疗或其他保险				
雇员年假安排				
雇员在企业决策中的意见参与				
雇员培训及其他发展机会				
其他利益，如：_____				

续表

企业知识问答
33. 请列出在计算产品的总成本时应该考虑的不同成本。
34. 企业计划有哪几个主要部分?
35. 市场营销计划的主要部分是什么?
36. 尽量列出您知道的职工保险福利种类。
37. 安全和卫生的工作环境由什么构成?

续表

培训需求调查
38. 您期望在培训班里学到什么：

39. 对培训的承诺：

| 是否能够保证出勤？ □ 是 □ 否 | 是否得到家庭成员的支持？ □ 是 □ 否 |
| 您确实想创办企业？ □ 是 □ 否 | 是否能够遵守课堂要求？ □ 是 □ 否 |

40. 培训时间可能会根据参训者情况作出合理调整，请根据自身情况在能够参训的时段所对应的空格内画"√"。

	星期一	星期二	星期三	星期四	星期五	星期六	星期日
上午							
下午							
晚上							

其他关于时间方面的需求：

| 报名者签名： | 日期： 20 年 月 日 |

（★注：请将该附表与报名者的主表合并装订。）

创业培训学员登记表附表3——网络创业登记表

填表日期：_____　　指导讲师姓名：_____　　单位：_____

（请您在符合您的选项"□"处画"√"）

创业者相关情况

17. 您是否有网络创业的经历：
□ 否，从未接触过网络创业　　　　□ 否，但有家人创办或正在经营
□ 是，且准备进一步改善，其主营产品（服务）：_____
□ 是，但准备创办一家新的互联网企业，打算推广产品（服务）：_____

18. 您准备创办（或已经创办）哪种类型的互联网企业：
□ 电商创业　□ 线上线下模式　□ 移动互联网创业　□ 自媒体营销创业　□ 其他：_____

19. 您是否拥有自己的网（微）店或注册过某电商平台卖家账户？
□ 是，平台名称（可多填）：_____　　经营状况：_____
　　主营产品（服务）：_____
□ 否

学 员 信 息

20. 您是否是某第三方电商平台会员？
□ 是，请说明网站名称（可多填）：_____　　□ 否

21. 您每年通过互联网进行的交易有多少笔（次）？（包括在任意电商平台网购商品，或在任意O2O平台进行服务消费，如团购餐、看电影、加油等移动支付行为）
□ 从来没有　　□ 20笔（次）以下　　□ 20~100笔（次）　　□ 100笔（次）以上

22. 您所掌握的计算机应用操作技术有哪些？（可多选）
□ 图片处理　□ 文档编辑　□ 办公应用　□ 媒体应用　□ 网络技术　□ 其他：_____

23. 您所拥有的电子设备有哪些：
□ 笔记本电脑　□ 台式电脑　□ 智能手机　□ 数码相机　□ 其他：_____

续表

培训需求调查
24. 您期望在培训班里学到什么：

25. 对培训的承诺：

是否能够保证出勤？　☐ 是　☐ 否　　　　是否得到家庭成员的支持？　☐ 是　☐ 否
您确实想创办企业？　☐ 是　☐ 否　　　　是否能够遵守课堂要求？　　☐ 是　☐ 否

26. 培训时间可能会根据参训者情况作出合理调整，请根据自身情况在能够参训的时段对应的空格内画"√"。

	星期一	星期二	星期三	星期四	星期五	星期六	星期日
上午							
下午							
晚上							

其他关于时间方面的需求：

报名者签名：　　　　　　　　　　　　　　　　　日期：　20　　年　　月　　日

（★注：请将该附表与报名者的主表合并装订。）

创业培训学员选择程序

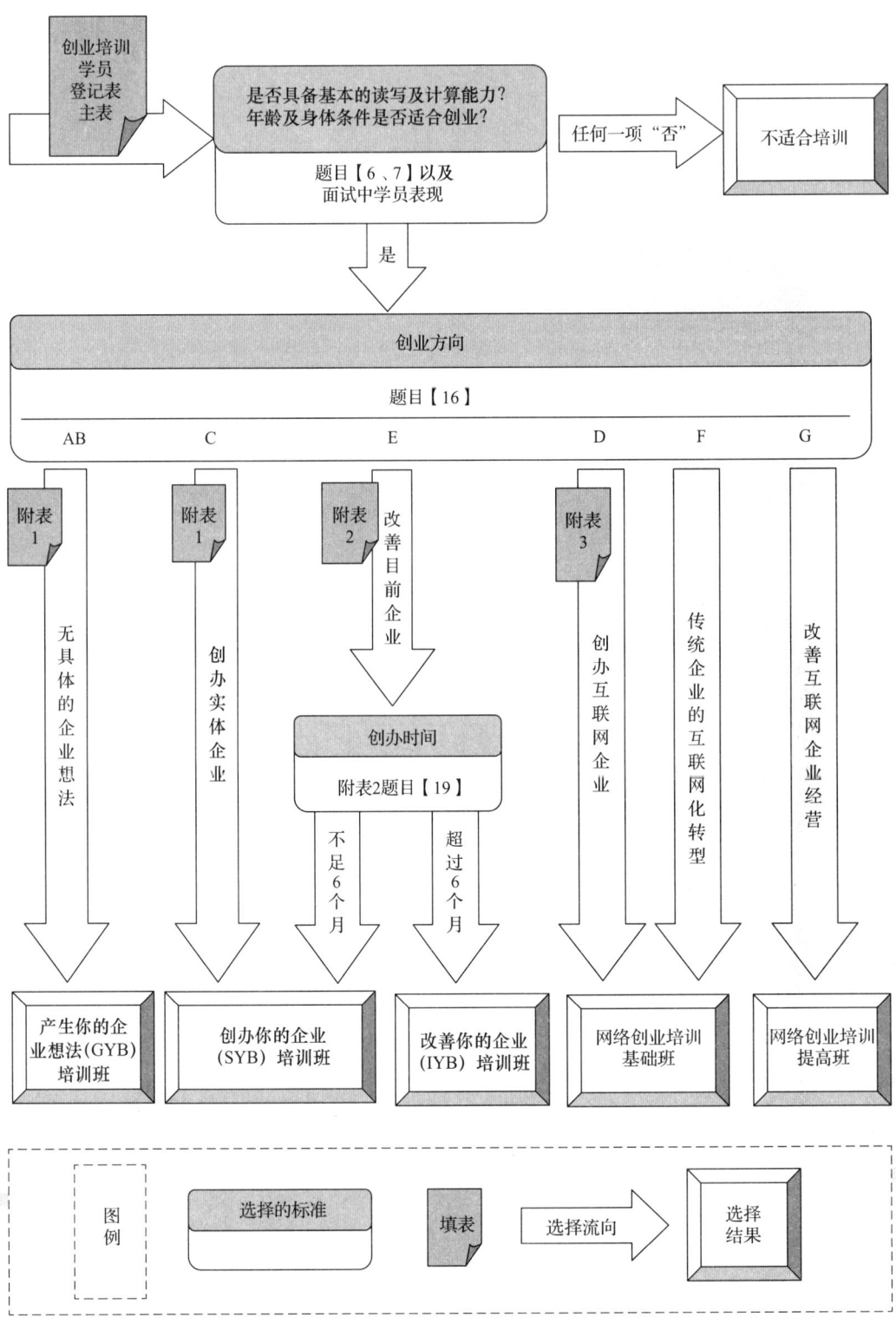

网络创业培训学员班教材、设备和教具清单

（以 30 人 / 班为例）

分类	名称	数量	用途	备注
教材	《网络创业培训教程（电商版）（第二版）》	30 套	★教学	中国劳动社会保障出版社出版，须订购正版教材
	实操指导手册	30 套		配套各地自行选用的网络创业培训教学辅助平台
设备	电脑	1 套	★教学	
	多媒体投影仪	1 套		
	投影幕布	1 套		
	音响	1 套		
	无线话筒（含电池）	1 个		视场地面积灵活配备，电池 2 个 / 天
	电源插座	6 个		学员自带电脑时使用，根据场地情况适当增加
	打印机	1 台	打印材料	可设置在会务组
教具	A4 打印纸	1 包	★教学	
	彩色 A4 打印纸	8 包		黄、绿、蓝、粉色（浅色）至少各 2 包
	活页挂纸	1 卷		0 号大白纸（薄，非绘图纸）不少于 50 张
	白板磁吸	30~40 枚		
	白板磁条 / 白板铁夹	8 个		4 个 / 白板
	黑色白板笔（非油性）	40 支		
	红色、蓝色白板笔（非油性）	各 10 支		
	白板（附活动架）	1~2 套		建议 1.2 米 ×1.8 米
	白板擦	2 个		
	便笺	6 包		约 50 张 / 包
	台签牌	6 个	开、结班式	
	横幅	1 条		
	小号燕尾夹	1 盒	★整理资料	
	档案袋	7 个		
	透明胶带	3 个	★教务	大胶带 1 个，小胶带 2 个
	双面胶带	2 卷		
	剪刀	2 把		
	美工刀	2 把		

（注：标★为必备基础物品。）

网络创业培训（电商）学员培训标准课程表

日期	时间	教学单元	教学内容
第一天	09：00—12：00	开班	开班式
			第1课　网络创业培训项目介绍
			第2课　建立互助学习小组
		理论教学	第3课　了解网络创业形势
	14：00—17：00	理论教学	第4课　认识电商创业机会
		课后任务	布置店铺注册任务，准备店铺注册用相关资料
			基于电商创业机会思考电商创业项目
第二天	09：00—12：00	理论教学	第5课　电商创业者自我评价
			第6课　项目选择
	14：00—17：00	理论教学	第7课　市场分析
			第8课　开办准备——选择电商平台
		实操任务	第9课　店铺注册
			模拟商城店铺注册
			第三方电商平台店铺注册（移动端注册）
第三天	09：00—12：00	理论教学	第10课　开办准备——组织货源
			第11课　开办准备——组建团队
	14：00—17：00	理论教学	第12课　运营管理——运营管理概述
			第13课　运营管理——店铺呈现·商品展示
第四天	09：00—12：00	实操任务	第14课　商品展示
			模拟商城与第三方电商平台商品展示
	14：00—17：00	理论教学	第15课　运营管理——店铺呈现·店铺装修
		实操任务	第16课　店铺呈现·素材制作
第五天	09：00—12：00	实操任务	第17课　店铺装修
			模拟商城与第三方电商平台店铺装修
	14：00—17：00	理论教学	第18课　运营管理——店铺管理

续表

日期	时间	教学单元	教学内容
第六天	09:00—12:00	理论教学	第19课　运营管理——店铺推广（一）
	14:00—17:00	理论教学	第20课　运营管理——店铺推广（二）
			第21课　运营管理——财务计划、店铺规划书
		课后任务	填写店铺规划书
第七天	09:00—12:00	理论教学	第22课　项目优化
		实操任务	提交店铺规划书 提交实践成果
	14:00—17:00	实操任务	实践成果展示与评价指导 结业考核
		结业	结班仪式

每日意见反馈表

日期：_____/_____/_____　　讲师：_____

我喜欢的：☺

我不喜欢的：☹

我不理解的：？

我的建议：★

今天学到的最重要的课程：

网络创业培训（电商）学员培训班期末评估表

（　　　年　　月　　日）

1. 本次培训是否包括了您在培训前期望的内容？ 　　是的，包括了所有内容　　□ 3 　　是的，一定程度包括了　　□ 2 　　不是，与我期望的不同　　□ 1 　　您觉得缺少了什么内容： 　　您觉得有哪些不必要的内容：	2. 您在培训班期间提出的问题、意见和建议是否都得到了主办单位和讲师的答复和解决？ 　　是的，所有　　□ 3 　　是的，部分　　□ 2 　　否，没有　　□ 1 　　具体问题是：
3. 本次培训班是否包括了您对店铺创办和经营所需求的步骤、方法和工具等相关内容？ 　　是的，所有　　□ 3 　　是的，部分　　□ 2 　　否，一点也没有　　□ 1	4. 您在培训期间与其他学员交流经验和问题的机会是否充分？ 　　是的，充分　　□ 3 　　是的，还可以　　□ 2 　　否，不充分　　□ 1
5. 您现在是否完成并提交了店铺规划书？ 　　是的，已经完成　　□ 3 　　我还没有全部完成　　□ 2 　　否，完全没有完成　　□ 1	6. 您现在是否有把握按照实践成果和店铺规划书进行网络创业？ 　　是的，很有把握　　□ 3 　　有一定把握　　□ 2 　　否，完全没有把握　　□ 1
7. 您觉得教学辅助平台对您的学习和日后创业活动是否有帮助？ 　　是，我非常需要　　□ 3 　　是，一定程度提供了帮助　　□ 2 　　否，我不太需要　　□ 1	8. 您是否能够运用学到的知识和方法而不需要进一步的帮助？ 　　是，完全没问题　　□ 3 　　是，但不能完全做到　　□ 2 　　否，我需要进一步帮助　　□ 1
9. 您认为培训班的学习环境和后勤工作如何？ 　　非常好　　□ 3 　　比较好　　□ 2 　　很差　　□ 1	10. 您认为培训班的期限合适吗？ 　　很合适　　□ 3 　　不太合适　　□ 2 　　太不合适了　　□ 1

您接受这次培训的最大收获是什么？请简要列出。

如果进行网络创业培训，您希望获得哪些实质性的支持和帮助？请具体列出。

您对培训班还有哪些意见和建议：

　　平均得分：_____

网络创业培训实践成果信息登记表

学员姓名		身份证号	
学员类型		家庭住址	
手机号码		文化程度	
毕业院校			
模拟商城		第三方电商平台	
店铺用户名： 店铺名称： 店铺地址：		店铺用户名： 店铺名称： 店铺地址：	
店铺装修截图		店铺装修截图	
在售商品数量截图		在售商品数量截图	
商品详情截图		商品详情截图	
促销活动截图		促销活动截图	

实践成果截图要求：

1. 尺寸：宽950像素，高550~700像素。

2. 内容：主要包括店铺首页、商品列表页、某商品详情页及包含促销活动的页面。其中，店铺首页一般包括用户名、店铺名称等店铺基本信息模块和店招及轮播等推广模块，不同电商平台包括的模块不同；商品列表页主要包括在售商品数量；某商品详情页主要包括商品详情的部分内容；包括促销活动的页面含有促销模块即可，如物流包邮或优惠券等促销活动。

网络创业培训实践成果评分表及评分标准

学员姓名：_____ 得分：_____

考核项（分值）			评分标准	评分等级		
				优秀	合格	不合格
店铺成果	模拟商城（30分）		1.完成店铺开设（6分） 2.完成基本设置（6分） 3.完成5件商品上架（6分） 4.完成店铺装修（6分） 5.完成店铺推广设置（6分）	24~30分	18~23分	18分以下
	第三方电商平台店铺	开店完成（20分）	完成店铺开设（PC端、移动端皆可）	20分		0分
		店铺装修（20分）	1.完成店铺基本信息设置（5分） 2.完成店铺首页装修（5分） 3.店铺装修与客户需求匹配（10分）	16~20分	12~15分	12分以下
		商品上架（10分）	1.成功上架5件商品（5分） 2.商品主图齐全，商品标题合理（5分）	8~10分	6~7分	6分以下
		商品描述（10分）	按课程知识点完成3件商品描述（10分）	8~10分	6~7分	6分以下
		店铺推广（10分）	1.1个（含）以上店内推广（5分） 2.推广内容、方式与客户匹配（5分）	8~10分	6~7分	6分以下
店铺规划	态度（20分）		主要评价学员完成主观题态度是否端正，内容填写是否完整			
	财务（20分）		主要评价学员初创店铺启动资金、利润预测是否合理			
	团队（10分）		主要评价学员初创店铺团队规划是否符合实际需求			
	推广（20分）		1.选择的免费推广途径和预期收益是否合理（10分） 2.选择的付费推广途径是否合理，投入产出比是否合理（10分）			
	内容（20分）		主要评价学员店铺规划内容是否符合逻辑，是否有可行性			
	实践（10分）		主要评价学员所描述的店铺规划是否已经投入实践			
综合评估			整体评估下，两项都为85分（含）以上为优秀，两项都为60（含）~85分（不含）为合格，任意一项60分（不含）以下为不合格			

网络创业培训（电商）店铺规划书

<table>
<tr><td rowspan="8">店铺简介</td><td>店铺用户名</td><td colspan="3"></td></tr>
<tr><td>店铺名称</td><td colspan="3"></td></tr>
<tr><td>店铺地址</td><td colspan="3"></td></tr>
<tr><td>主营产品类型</td><td colspan="3"></td></tr>
<tr><td>货源来源</td><td colspan="3"></td></tr>
<tr><td>客户群定位（年龄、人群）</td><td colspan="3"></td></tr>
<tr><td>商品价格定位</td><td colspan="3"></td></tr>
<tr><td>商品数量</td><td colspan="3"></td></tr>
<tr><td rowspan="11">店铺发展规划（3个月）</td><td>当前信用等级</td><td colspan="3"></td></tr>
<tr><td rowspan="3">启动资金</td><td>开办费用：</td><td rowspan="3">合计：</td></tr>
<tr><td>固定资产：</td></tr>
<tr><td>流动资金：</td></tr>
<tr><td rowspan="2">团队建设</td><td>招聘人数：</td><td></td></tr>
<tr><td>人员分工：</td><td></td></tr>
<tr><td rowspan="6">主要推广手段</td><td rowspan="2">免费推广</td><td>选择推广途径与原因：</td></tr>
<tr><td>预期效果：</td></tr>
<tr><td rowspan="3">付费推广</td><td>选择推广途径与原因：</td></tr>
<tr><td>预计投入：</td></tr>
<tr><td>预计产出：</td></tr>
</table>

续表

店铺发展规划（3个月）	日均访客数	
	注：日均访客数 =3 个月内全店各页面的访问总人数 /3 个月总天数。	
	转化率	
	注：转化率 =（产生购买行为的客户人数 / 所有到达店铺的访客人数）×100%。	
	日均成交访客数	
	注：日均成交访客数 = 日均访客数 × 转化率。	
	客单价	
	注：客单价 =3 个月内总成交金额 /3 个月内总成交客户数。	
	总收入	
	注：总收入即 3 个月内交易成功的商品交易总额。	
	总成本	
	注：总成本即 3 个月内各类成本费用总额。	
	净收入	
	注：净收入 = 总收入 - 总成本。	

创业培训学员班活动报告

(由培训机构填写)

培训班编号:＿＿＿＿＿＿ 填表人:＿＿＿＿＿＿ 提交日期:＿＿＿＿＿＿

1. 培训班基本信息
1.1 主办单位:
1.2 联系人姓名: 手机:
1.3 培训类别:□ GYB/□ SYB/□ IYB 培训班;□ 网络创业培训(电商)基础班
1.4 培训人数: 培训合格人数:
1.5 培训时间:＿＿＿＿＿＿ 至 ＿＿＿＿＿＿
1.6 培训地点:(具体到承办场地)
1.7 授课讲师:＿＿＿＿＿＿ 和 ＿＿＿＿＿＿
2. 培训班基本情况
2.1 本次培训是否特定针对以下群体?(可多选) □ 失业人员 □ 失地农民 □ 返乡农民工 □ 在校大学生 □ 毕业大学生 □ 青年(25岁以下) □ 妇女 □ 残障人士 □ 复转军人 □ (即将)刑满释放人员 □ 其他
2.2 培训机构和讲师是怎样吸引学员报名参加本次培训班的?(可多选) □ 直接推介(组织推介会或发放宣传单等) □ 大规模推介(在线上线下媒体打广告等) □ 其他

续表

2.3	参训学员筛选面试情况： 培训机构和讲师是否在开班前对学员进行筛选面试和培训需求分析？ □ 是 □ 否 • 若是，是否使用"创业培训学员登记表主表/附表"？ □ 是 □ 否 • 若否，请说明原因：
2.4	本次培训的资金来源： □ 政府补贴，补贴标准：_____元/人 □ 培训机构预算内经费 □ 收取参训讲师培训费，收费标准：_____元/人 □ 其他：_____
2.5	正版学员教材是否在培训班开班时发放到学员手中？□ 是 □ 否
2.6	培训机构怎么评定讲师在培训班之前和培训期间所提供的技术支持？ □ 很好 □ 好 □ 基本满意 □ 不好
2.7	关于本次培训的感受、评论和建议：

3. 参加培训学员情况

序号	姓名	性别	年龄	身份证号	联系电话	联系地址	邮件	教育程度	就业状况	收入状况	学员面试分数

网络创业培训学员后续支持服务需求调查表

姓名		性别		身份证号码	
籍贯		培训地点		培训起止时间	
联系电话				是否创业：□ 已创业　□ 准备创业	

网络创业类型：□ 电商创业　□ 劳务技术　□ 自媒体　□ 移动互联网　□ 线上线下
　　　　　　　□ 其他：_____

创业想法 / 现状概述：

后续服务需求：

　　□ 货源　具体阐述：_____

　　□ 资金　具体阐述：_____

　　□ 导师　具体阐述：_____

　　□ 场地　具体阐述：_____

　　□ 其他　具体阐述：_____

网络创业培训学员创业情况跟踪调查表

姓名		性别		身份证号码	
籍贯		培训地点		培训起止时间	
学历		联系方式			
创业情况	企业名称			创业地址	
	创办时间				
	注册资金				
	网络创业类型	□ 电商创业　□ 劳务技术　□ 自媒体　□ 移动互联网 □ 线上线下　其他：			
	股东人数			雇员人数	
	主营业务			销售规模	
	产品介绍				
	发展预期				
	创业困难				
调查时间			调查人		

网络创业培训学员创业情况统计表

序号	姓名	性别	身份证号	联系电话	所在学校（区县）	经营平台	网店用户名	店铺名称	经营状况	网店地址	主营类目	备注

附录2 网络创业培训(电商)术语一览表

序号	术语	定义
1	AI	人工智能(artificial intelligence),是研究、开发用于模拟、延伸和扩展人的智能的理论、方法、技术及应用系统的一门新的技术科学。
2	Alexa	一家免费提供网站流量信息的公司,创建于1996年,总部位于美国旧金山,是亚马逊集团旗下的子公司之一,一直致力于开发网页抓取和网站流量计算的工具。Alexa排名是评价某一网站访问量的一个常用指标。
3	AliExpress	即阿里巴巴全球速卖通,2010年4月正式上线,面向海外买家,通过支付宝国际账户进行担保交易,并使用国际快递发货。
4	Amazon	亚马逊公司,美国最大的一家网络电子商务公司,也是网络上最早经营电子商务的公司之一,成立于1995年,现已成为全球商品品种最多的网上零售商和全球第二大互联网企业。
5	AR	增强现实(augmented reality)技术是一种将虚拟信息与真实世界巧妙融合的技术,广泛运用了多媒体、三维建模、实时跟踪及注册、智能交互、传感等多种技术手段,将计算机生成的文字、图像、三维模型、音乐、视频等虚拟信息模拟仿真后应用到真实世界中,两种信息互为补充,从而实现对真实世界的"增强"。
6	B2B	即business to business,是指企业对企业之间的营销关系,它将企业内部网与客户紧密结合起来,通过网络的快速反应,为客户提供更好的服务,从而促进企业业务发展。
7	B2C	即business to consumer,就是通常说的商业零售,直接面向消费者销售产品和服务。
8	B2F	即business to family,是电子商务按交易对象分类中的一种,是结合了网络现有的电子商务模式B2B、B2C、C2C的诸多优点,并根据地方特色,综合考虑的一种电子商务升级模式。

续表

序号	术语	定义
9	B2G	即 business to government，指企业与政府之间通过网络进行的交易活动的运作模式。
10	B2M	面向市场营销的电子商务企业，即网络营销托管服务商，它以企业客户需求为核心建立营销型电子商务平台，并通过线上线下多种渠道进行推广和导购管理。
11	Brand	商标，品牌。
12	C2B	即 consumer to business，消费者到企业，是互联网经济时代新的商业模式。
13	C2C	即 consumer to consumer，是个人与个人之间的电子商务交易模式之一。
14	Click	点击量或点击次数，即 click through，指用户点击广告的次数，是评估广告效果的指标之一。
15	CTR	点击率或点进率，即 click through-rate，指网络广告被点击的次数与访问次数的比例。如果某页面被访问了 100 次，而页面上的广告也被点击了 20 次，那么 CTR 为 20%，CTR 是评估广告效果的指标之一。
16	CPA	cost per action，即每次行动成本，指根据每个访问者对网络广告采取的行动收费的定价模式。
17	CPC	即 cost per click，指每点击成本。
18	CPM	即 cost per mille，指每千人展现成本。
19	CPP	即 cost per purchase，指每购买成本。
20	CPR	即 cost per response，指每回应成本。
21	CPS	即 cost per sales，指按销售付费。
22	CRM	即客户关系管理。
23	CR 转化率	即 conversion rate，指某一网站的访客中，转化的访客占全部访客的比例。
24	EBAY	一家电子商务公司，于 1995 年 9 月 4 日由 Pierre Omidyar 以 Auctionweb 的名称创立于加利福尼亚州圣荷西。
25	EC	电子商务，指在互联网（internet）、企业内部网（intranet）和增值网（VAN，value added network）上以电子交易方式进行交易活动和相关服务活动，是传统商业活动各环节的电子化、网络化。
26	EDM	即 electronic direct marketing，指电子邮件营销。
27	ERP	即 enterprise resources planning，指企业资源计划，它将企业的财务、采购、生产、销售、库存和其他业务功能整合到一个信息管理平台上，从而实现信息数据标准化、系统运行集成化、业务流程合理化、绩效监控动态化、管理改善持续化。

续表

序号	术语	定义
28	F2F	即 family to factory，是一种新概念营销模式，是一种家庭或者个体到厂家的直销模式。
29	Facebook	一家社交网络服务网站，于 2004 年 2 月 4 日上线，主要创始人为美国人马克·扎克伯格。
30	Global Sources	即环球资源网，是一个商对商（business to business）多渠道的国际贸易平台。
31	Google	一家美国的跨国科技企业，致力于互联网搜索、云计算、广告技术等领域，开发并提供大量基于互联网的产品与服务。
32	GPS	即 global positioning system，指全球定位系统。
33	Java	一种可以撰写跨平台应用程序的面向对象的程序设计语言，具有卓越的通用性、高效性、平台移植性和安全性，广泛应用于 PC、数据中心、游戏控制台、超级计算机、移动电话和互联网，同时拥有全球最大的开发者专业社群。
34	KOL	即 key opinion leader，关键意见领袖，是营销学上的概念，通常被定义为拥有更多、更准确的产品信息，且为相关群体所接受或信任，并对该群体的购买行为有较大影响力的人。
35	LBS	即 location based services，基于位置的服务，指通过电信移动运营商的无线电通信网络或外部定位方式，获取移动终端用户的位置信息，在 GIS 平台的支持下，为用户提供相应服务的一种增值业务。
36	M2C	即 manufacturers to consumer，是生产厂家直接对消费者提供产品或服务的一种商业模式，特点是流通环节减少至一对一，销售成本降低，从而保障了产品品质和售后服务质量。
37	MCN	网红孵化机构。
38	Mooc	即 massive open online courses，大型开放式网络课程。
39	O2O	即 online to offline，在线离线/线上到线下，指将线下的商务机会与互联网结合，让互联网成为线下交易的平台。
40	OMS	即 order management system，订单管理系统。
41	P2P	即 peer-to-peer，个人对个人，又称点对点网络借款，是一种将小额资金聚集起来借贷给有资金需求人群的民间小额借贷模式。P2P 还有一种更广泛的概念，泛指互联网金融，借助互联网、移动互联网技术的网络信贷平台及相关理财行为、金融服务。
42	PayPal	贝宝，是著名的国际贸易（电商）支付工具。

续表

序号	术语	定义
43	PDM	产品数据管理。
44	PE	即 private equity，私募股权投资。
45	PM	项目经理。
46	PPC	即 pay per click，点击付费广告。
47	PR 推广	即 public relations，公共关系，或称公众关系、机构传讯，在线上，PR 就是口碑传播，它涵盖许多活动，如社区关系、市场营销及用户购买等。
48	PV	即 page view，网站被浏览的总次数。
49	QC	即 quality control，品质控制，又称质检。
50	ROI	即 return on investment，投资报酬率。
51	SEM	搜索引擎营销。
52	SEO	搜索引擎优化。
53	SKU	库存进出计量的单位，是大型连锁超市配送中心物流管理的一种必要方法，现在已经被引申为产品统一编号的简称，每种产品均对应唯一的 SKU 号。
54	SNS	社会性网络服务，指帮助人们建立社会性网络的互联网应用服务，也指社会现有已成熟普及的信息载体。
55	social networking	社交网络，允许用户加入虚拟社区并且与朋友或有共同兴趣爱好者进行互动的网站。
56	Twitter	一家美国的社交网络公司。
57	TikTok	字节跳动旗下短视频社交平台，即抖音海外版，于2017年5月上线。
58	YouTube	一家美国的视频分享网站。
59	Uber	全球即时用车软件。
60	UED	即用户体验设计，交互设计。
61	UI	即 user interface，用户界面。
62	UV	即 unique visitor，独立访客。
63	VMD	即 visual merchandising，视觉营销或商品计划视觉化。
64	VR	即 virtual reality，虚拟现实技术。
65	Wish	一家美国的跨境零售电商平台。

续表

序号	术语	定义
66	Witkey	威客网，指为威客提供交易平台的网站。Witkey 由 wit（智慧）和 key（钥匙）两个单词组成，也是 the key of wisdom 的缩写，指那些通过互联网把自己的智慧、知识、能力、经验转换成实际收益的人，他们在互联网上通过解决科学、技术、工作、生活、学习中的问题，从而让知识、智慧、经验、技能体现经济价值。
67	备货清关	商家将境外商品批量备货至海关监管下的保税仓库，消费者下单后，电商企业根据订单为每件商品办理海关通关手续，在保税仓库完成贴面单和打包，经海关查验放行后，由电商企业委托国内快递派送至消费者手中。
68	动销率	商品动销率＝动销品种数 ÷ 门店经营总品种数 ×100%。
69	分销渠道	即 distribution channels，公司用来接触消费者的各种途径。
70	价值链	即 value chain，为了向客户提供产品和服务的价值，相互之间具有关联性的、支持性活动。
71	价值主张	即 value proposition，公司通过其产品和服务所能向消费者提供的价值。价值主张确认了公司对消费者的实用意义。
72	客单价	店铺每一个买家平均购买商品的金额，即平均交易金额。客单价＝成交金额 ÷ 成交笔数。
73	客户关系	即 customer relationships，公司同其消费者群体之间建立的联系。我们所说的客户关系管理（CRM）即与此相关。
74	跨境供应链	随着越来越多跨境电商加入，部分有货源和有先见的跨境电商转入跨境供应链，以保税仓一件代发为主，为中小电商、微商、淘宝店铺提供跨境电商货源及其他供应链服务。这类电商以海欢、海豚为主。
75	人均访问页面	每个人平均访问页面数量。
76	商业模式	即 business model，是一家企业满足消费者需求的系统，这个系统组织管理企业的各种资源（资金、原材料、人力资源、作业方式、销售方式、信息、品牌和知识产权、企业所处的环境、创新力，又称输入变量），形成能够提供消费者无法自力而必须购买的产品和服务（输出变量）。
77	跳出率	指浏览了一个页面就离开的用户占一组页面或一个页面访问次数的比例。
78	跳失率	指只访问了一个页面就离开的访问次数占该页面总访问次数的比例。
79	转化率	指在一个统计周期内，完成转化行为的次数占推广信息总点击次数的比例。其计算公式为：转化率＝转化次数 ÷ 点击量 ×100%。